U0038637

滄海叢刊 13

解構鄭成功

——英雄、神話與形象的歷史

江仁傑 著

三民書局

國家圖書館出版品預行編目資料

解構鄭成功:英雄、神話與形象的歷史／江仁傑著.－－初版二刷.－－臺北市：三民，2017
面； 公分.－－(文明叢書:13)

ISBN 978-957-14-4120-1 (平裝)
1.(明)鄭成功－傳記
2.臺灣－歷史－明鄭時期

673.226 95006251

© 解構鄭成功
——英雄、神話與形象的歷史

著作人 江仁傑
總策劃 杜正勝
執行編委 林富士
編輯委員 王汎森 李建民 康 樂

發行人 劉振強
著作財產權人 三民書局股份有限公司
發行所 三民書局股份有限公司
地址 臺北市復興北路386號
電話 (02)25006600
郵撥帳號 0009998-5
門市部 (復北店) 臺北市復興北路386號
(重南店) 臺北市重慶南路一段61號

出版日期 初版一刷 2006年4月
初版二刷 2017年10月
編號 S 782210
行政院新聞局登記證局版臺業字第〇二〇〇號

ISBN 978-957-14-4120-1 (平裝)

http://www.sanmin.com.tw 三民網路書店

文明叢書序

起意編纂這套「文明叢書」，主要目的是想呈現我們對人類文明的看法，多少也帶有對未來文明走向的一個期待。

「文明叢書」當然要基於踏實的學術研究，但我們不希望它蹲踞在學院內，而要走入社會。說改造社會也許太沉重，至少能給社會上各色人等一點知識的累積以及智慧的啟發。

由於我們成長過程的局限，致使這套叢書自然而然以華人的經驗為主，然而人類文明是多樣的，華人的經驗只是其中的一部份而已，我們要努力突破既有的局限，開發更寬廣的天地，從不同的角度和層次建構世界文明。

「文明叢書」雖由我這輩人發軔倡導，我們並不想一開始就建構一個完整的體系，毋寧採取開放的系統，讓不同世代的人相繼參與，撰寫和編纂。長久以後我們相信這套叢書不但可以呈現不同世代的觀點，甚至可以作為我國學術思想史的縮影或標竿。

自　序

從小時候起，我們就從故事裡，認識了好幾個歷史人物，有的是英雄，是榜樣，有的則是負面教材；等到年紀稍大，從書本、電影、電視劇集、祭祀活動，甚至從遊戲的人物設定當中，認得了更多。

如果對於歷史還有些興趣，也許我們會想到：這些歷史人物，不見得就是書中、影片中或遊戲中所描述的那樣。如同我們自己的時代，不同的人對於同一個公眾人物，很可能有完全相反的評價，那麼歷史上的人物，不也同樣有這種可能性？不應該只有一種看法才對。

我們經常猜想著：為何某人被記載為英雄，而另一人卻被說成狗熊？自己是不是被記錄者或史家的一偏之見所蒙蔽了？被某個利益集團的宣傳給騙了？更深入一點想：弱勢者或敗亡者的歷史可能較少人關心，史料也不容易保存，因此，至今的歷史，很大一部份是來自於帝王將相、成者為王的觀點吧？

對於歷史，對於現在，我們常常抱著懷疑的態度。這樣的態度，也影響了讀者眼前的這本小書。書中首先討論鄭成功一手史料的稀少與歧異，接著探索鄭成功的歷史形象如何演變，最終「解構」了鄭成功。

鄭成功活著的時候，不同立場的人：清朝官方、南明遺臣、地方民眾、西方殖民者……等等，賦予他幾種不同的形貌與性格。在他死後，這種情況越演越烈，同時有好幾種觀點並存：清末官方、清朝地方官、閩臺民間、德川日本。到了近代，則有日本帝國、中國民族革命者、臺灣漢人的不同觀點。在我們的時代，還有國民黨、共產黨、民進黨、統派、獨派、臺灣原住民、西方學者、戰後日本人……等各種立場，至今沒有一致的共識。

到底哪一種觀點的鄭成功，才是真正的鄭成功？在「解構」之後，是不是永遠不可能憑著既有的史料，來「重建」一個真正的鄭成功呢？

雖然本書的主要焦點，不在於「重建」鄭成功，而是專注於鄭成功形象的演變史，看他如何被塑造，如何被不同立場的人所運用；不過，這樣的過程有助於釐清：哪些是早期史料的觀點，哪些是各個時代的人們再添加上去的解釋。

如此一來，我們也更能夠設想，在當時的歷史情境之下實際存在的古人鄭成功，他是怎麼思考與生活、怎麼與敵人戰鬥、怎麼做出了後人眼中的偉業與錯誤。而且，對於運用了歷史人物來進行的政治或商業宣傳，我們也會增強篩選與反省的能力。

當然，鄭成功的故事，仍然會衍生出許多版本，以後還是會有新的鄭成功傳記、史書或文學戲劇作品問世，因為他的一生事跡迭盪起伏，易於激動人心，而他所造就的歷史後果，又永久地影響了臺灣。

希望看完了這本小書之後，讀者再遇見了任何版本的鄭成功時，既能保持戲劇般的讀史樂趣，又不失解構之後的明晰洞察。

本書的部分內容源自於筆者的碩士論文，因此當時的指導教授康豹先生對於論文題旨的細心討論，可說是本書成形的遠因；而本書的出版，則有賴於林富士先生的邀稿與意見討論，以及邱澎生先生的熱心推薦，在此一併致謝。

江仁傑　2005 年 9 月

臺北南港，小小房間

解構鄭成功

——英雄、神話與形象的歷史

鄭成功的歷史形象

他是我們既熟悉、又陌生的歷史人物，他的歷史形象，則是這本書所關心的主題。

鄭成功，原名鄭森，字大木，幼名福松，1624 年（明天啟四年，日本寬永元年）七月十四日出生於日本平戶的千里濱，父親鄭芝龍為福建泉州南安人，母親田川氏（一稱翁氏）是日本人，七歲時離開母親與弟弟，前往中國福建與父親生活，並接受漢人儒家教育。

當時正值明朝末年，鄭芝龍為首的鄭氏家族，於中國東南沿海從事半商業半海盜的貿易活動，勢力雄大，且受明朝招撫，當清兵入侵時，擁護南明政權抗清。跟隨父親身入南明軍政圈的鄭森，受明隆武帝賜姓「朱」，名「成功」，因此鄭森被稱為「國姓爺」或「鄭成功」，後來也受永曆帝封為「延平王」。

當鄭芝龍決定投降清朝時，不願屈服的鄭成功仍留在明朝陣營，於中國東南沿海一帶與清朝軍隊作戰多年，並曾經北征長江下游，進攻南京城，但卻戰敗，退回金廈。

為了取得更廣大的根據地，於 1661 年攻打當時為荷蘭人所佔據的臺灣（臺南一帶），歷時九個月，至 1662 年完全驅逐荷蘭勢力，改臺灣城（熱蘭遮城）為安平鎮，赤崁為承天府，總名東都，下設天興縣、萬年縣，建置了在臺灣的第一個漢人政權，奠定臺灣逐漸轉型為漢人社會的基礎，並曾準備進攻西班牙殖民的菲律賓北部大島呂宋；但短短的數個月之後，就於同年病逝臺灣；長子鄭經繼位，改「東都」為「東寧」。

後世對鄭成功的稱呼，就有「國姓爺」、「國聖爺」、「鄭國聖」、「延平王」、「延平郡王」、「鄭延平」、「開山王」、「開臺聖王」……等等，而「國姓爺」的稱呼在外國最為流行，日本早期曾誤寫為「國性爺」，西方則習稱為 Koxinga 或 Coxinga。

除此之外，在數百年來的歷史中，鄭成功可以說是最特殊又最戲劇性的人物之一，在他死後，依然出現不斷變化的歷史評價、詮釋與神話般的傳說。之所以如此，有很多原因：他同時具有兩國血統的身世，一生中充滿傳奇的經歷，曾以堅強的意志，以金門、廈門彈丸之地，與強大的滿清抗爭多年，又從西方殖民者手中，取得漢人對臺灣（臺南）的支配權，鄭氏家族在東亞的海權史上，更有不可磨滅的重要地位……等等。

不過，除了這些客觀的因素之外，原始史料的欠缺與歧異，也使得不同時代、不同立場與利益的階級或群體，都以各自的角度，對他做出新的解釋，因而形塑出各種不同的鄭成功形象。

關於鄭成功的傳記或通俗小說、戲劇甚至漫畫，已經有許多中文、日文與西文的著作；使用網路的搜尋引擎鍵入「鄭成功」關鍵字，立即可以跳出數不清的相關資料。那麼，此時再寫一本有關鄭成功的書籍，是因為有了新的史料或新的詮釋嗎?

也許，這本書並不是又「發現」了一個看待鄭成功的新角度，而是要去「發掘」從古至今各式各樣的人，曾經以哪些不同的角度來看待他。也就是說，本書的重點，是探索作為歷史人物的鄭成功，在歷史的過程中，如何受到時代的影響，因而改變了自身的形象，又如何反過來，影響了當時或後世。

在許多社會裡，歷史的面貌與歷史人物的形象，都深刻影響了絕大多數人的自我認識，不過，這些歷史與人物的形象，卻經常來自不怎麼可靠的神話或傳說，例如：中國的炎帝與黃帝，日本的天皇起源，朝鮮的檀君開國神話，雅典城與希臘神話中雅典娜女神的關係，羅馬城創建者與狼的傳說……等等。

即使真有其人的歷史人物，仍可能籠罩著神秘的色彩，尤其在史料不足，或者不同史料常常互相抵觸的情況下。更何況在不同的時代，常常有人出於各自的目的或興趣，將歷史人物作為某種精神象徵，用來解釋歷史，塑造認同感，或者鼓舞民眾，以達成當時的政治或社會目標。如此一來，歷史人物的形象演變，就比萬花筒更令人眼花了。

鄭成功的歷史形象，就是個最好的例子。

我們回想他生存的時代——十七世紀，正處於明、清改朝換代的巨變，而且是歐洲大力殖民海外的關鍵時刻。當時，不同立場的漢文、日文、西文史料，以及民間口傳中的鄭成功，各自有著不同的評價。他的評價，他的歷史定位，他的是非功過……等等的討論，從他生存的時代就已經開始了，以至於今日。各個群體不斷依照自己的需求，把鄭成功的形象，塗抹成自己喜愛的樣子。

然而，鄭成功實際上到底是什麼樣的人物？也許大家所聽過的，都不盡相同。他是縱橫東亞海洋與中國東南沿岸的弄潮兒？大義滅親、反清復明的孤臣孽子？出身中國與日本的混血兒？驅逐西方殖民者的民族英雄？反帝國主義的先鋒？漢人開拓臺灣的始祖？具有奇妙力量的神祇或半人半神？繼承鄭家半商半盜海洋勢力的梟雄？西洋人所說的海盜王？以手中實力割據一方的軍閥？臺灣原住民的滔天災難？

傳奇故事，神話，祭祀活動，通俗出版品，以及政治文宣……等等，形塑出他的種種形象。隨著基層民眾難以言宣的期盼、文人的感懷、知識份子激烈的熱情，以及政權統治的需要……，他的真實經歷，那一丁點的歷史事實，早已滑入無窮的想像世界之中。

彷彿在不同的時代裡，在不同的故事中，一次次地將他從死人墳墓裡召喚出來，換上新的戲服，演出新的情節。其中曲折離奇之處，早已超越了史料的限制。他的形象在後世不斷地變化，其過程精彩離奇，引人驚嘆深思，絲毫不亞於他本身的生命歷程。

因此，當鄭成功的生命結束之後，關於他的形象，才剛剛開展出它自身的歷史。

從人到神——從十七世紀到十九世紀

構成「鄭成功」這個人物的歷史材料，有時被尊重，有時被任意解釋，更有些時候，歷史材料本身就曖昧不清，混沌難辨，總是存在著彼此相反的記錄，模糊的語意，甚至神話般的事跡。鄭成功的形象，因而更容易被人們自行解釋，並且不斷地重新呈現。

雖然歷史事實未必能爬梳清楚，不過我們更在意的，是歷史人物在當時所呈現的形象。我們要追問：鄭成功在世時與身死之後，不同立場的人們如何來看待他?

早期史料的缺乏

關於鄭成功生平的第一手記錄，楊英的《先王實錄》（舊稱《從征實錄》)，是目前學者認為最重要的一手史料之一。楊英曾為鄭成功時經理糧餉之要人，在鄭成功之子鄭經的時代，則擔任「戶部主事」，由於作者身居要職，所以能夠記載其他史料所沒有的珍貴資料，再加上他本人的親身經歷，使得《先王實錄》在軍事、財政等方面特別詳細。不過，由於著作中明顯的明鄭政權立場，在清朝將鄭成功家族視為「叛逆」的情況下，《先王實錄》因而被長期淹沒，直到 1922 年（民國十一年）首次出現手稿存在的記錄，1931 年（民國二十年）才由當時的國立中央研究院歷史語言研究所影印刊行，距離寫作之時已有二百五十年左右。如此看來，《先王實錄》雖然對於現代的史學家來說，是相當重要的史料，但是在清朝時期，該書並沒有什麼影響。

而另一位鄭成功舊日部屬阮旻錫，他所撰寫的《海上見聞錄》同樣具有第一手史料的價值，在鄭成功殺族兄鄭聯、擊走鄭彩而兼併他們的軍隊等處，比起楊英《先王實錄》更直言不諱。然而，《海上見聞錄》的寫作時間在清初，明鄭剛剛滅亡之時，書中卻對於鄭成功方面絕不冠以「偽」、「逆」等貶抑的字眼，而使用「賜姓」、「海上」、「海兵」等較為中性的稱呼，因而在當時的政治環境之下，沒有正式刊行的機會，只能在私下流傳，直到民國初年，才由上海商務印書館首次印行。因此，在清朝時，這本書也不能在形成鄭成功歷史形象的方面發揮很大作用。

大致而言，在鄭成功的年代以及他死後不久，立場較傾向明鄭的第一手史料，幾乎沒有發揮什麼作用；要等到清朝末年以後，才重見天日。

「神化」形象初次現形

鄭成功死後數十年，到了十七世紀末與十八世紀時，在中國（特別是閩南、臺灣一帶），鄭成功的形象經過了一段時間的「發酵」，已呈現出濃厚的神話色彩。

此時，最著名而經常被引用的鄭成功生平事跡資料，是江日昇的《臺灣外紀》。

《臺灣外紀》作者江日昇，是福建同安人，他的父親曾擔任鄭氏家族重要將領鄭彩的部屬，一直到鄭經時代於廣東降清，因此江日昇幼時跟隨父親「遊宦嶺表，悉鄭氏行事」的時候，已經與鄭成功間隔了一兩代左右了。因此書中收集的，其實包含了鄭成功死後數十年，所遺留下來的大量民間傳說。

再就內容來看，《臺灣外紀》與其說是一手的嚴格歷史著作，還不如說是鄭成功「神化」的早期記錄。書中內容充斥了神奇的故事，從鄭成功的父親鄭芝龍發跡成為眾海盜之首，到鄭成功本人的出生，成長，統兵作戰，攻臺，過世……幾乎每一個生命的重要階段都伴隨奇妙的異象與預言。而這部著作的書寫形式，則是以想像的對話來帶動歷史情節，有點類似《三國演義》之類的中國歷史小說，雖然有歷史事實作為大致的依據，但仍是源自大量的民間傳說故事，而由文人整理記錄下來。所以，它融合了口語的傳統，是以歷史為基礎的小說，或者說是以小說的形式所記載的歷史。

舉例而言，鄭成功在日本出生的場景，依據書中的記載，彷彿就是海中的神鯨或靈獸投胎為人：

> 天昏地黑，雨箭風刀，飛沙走石，鼓浪興波……遠方的海濤中，有一神奇物體，長數十丈，有數十人合圍那般的巨大，兩眼光爍似燈，噴水如雨，出沒翻騰鼓舞……空中似有金鼓之聲，大街上都遍布著香氣。

接著，還描述了鄭成功出生時「火光達天」，鄰居因而以為失火，竟前來協助搶救，才知鄭家誕生了一個男孩子；父親鄭芝龍還暗自欣喜，認為鄭家誕生了一個受神靈庇佑的偉大人物，未來前途不可限量。

類似這樣的神奇故事，包括中國式的風水，夢兆預言……等等，在書中俯拾皆是。鄭成功因此成為一個擁有非凡力量的特殊人物，並且被上天註定了日後的命運。

我們可以說，《臺灣外紀》不是嚴格考證的史書，不過正如作者自己所期許的，該書廣泛蒐集福建一帶關於鄭氏四代（鄭芝龍、鄭成功、鄭經、鄭克塽）的說法，並且記錄下來，提供給編修國家歷史的學者參考；作者原本就是以保留史料及福建民間傳說，作為出發點。

隔了一兩代之後的傳說，畢竟未必是真實的歷史，特別是沒有其他一手史料可以互相印證的情況下，要取得確信就更加困難。然而，同時代一手史料的流傳卻十分稀少，因此《臺灣外紀》在早期常常受到引用，成為塑造鄭成功歷史形象的重要來源；而《臺灣外紀》文字記錄的起源，很大一部份則來自充滿神怪色彩的閩南民間口語傳播。

類似的情況還有很多。就算是更加符合史書書寫體例的著作，也會出現相似的問題，例如鄭亦鄒（鄭居仲）的《鄭成功傳》。

鄭亦鄒與江日昇為同時代人，《鄭成功傳》也是與鄭成功隔了一兩代之後才出現的著作。有不少後世經常引用的鄭成功事跡，在這部傳記中都有最原始的記載。例如，鄭成功出生時「倭島萬火齊明」的說法，可說是《臺灣外紀》記載的精簡版；當鄭成功年紀還很輕時，就有長輩對他的父親說：「這個孩子將是個英雄人物，不是你這個做父親的能比得上的」；到了十五歲在金陵（南京）求學時，也有江湖術士預言：「這是個奇男子，骨相非凡，命世雄才，不是科舉做官的道路所能限制的」；長大成人以後，他身入南方明朝陣營，極力勸阻父親鄭芝龍降清的行動，卻終於失敗，而母親則在接下來的清軍劫掠中喪生，他悲憤之餘，到孔廟焚燒儒服，宣示抗清決心。這是後世最著名的「焚儒服」故事。

這些記載當中，出現了中國式的「偉人生平」常見的橋段：當偉人剛剛出生或年輕的時候，就有日後大成就的徵兆紛紛出現，例如自然界的異象，或者特殊人物的預言；這種情節的可信度，自然十分值得懷疑。另外，也有史學家對戲劇性的「焚儒服」一事，持保留的態度，因為該事件發生的時間、地點若詳加考證，很難自圓其說，而且鄭成功及其同時代的人，也並沒有留下任何相關的記錄，卻要等到鄭成功死後數十年，這個故事才第一次出現在鄭亦鄒的《鄭成功傳》當中。

然而，這些可疑的記載，還是重複出現在《臺灣割據志》(《臺灣鄭氏紀事》)、《臺灣通史》、《小腆紀年》、《海紀輯要》、《閩海紀要》……等處，二十世紀以後，也出現在許多鄭成功傳記、臺灣史介紹與教材……等等文字當中，1961 年福建南安甚至豎立了「鄭成功焚青衣處」紀念碑。這正是後來——直到今天——所認知的鄭成功歷史形象的一部份：對明朝忠心耿耿、大義滅親、事母至孝。

清朝官方眼中的叛逆

不過，《鄭成功傳》的基本立場，也還是傾向清朝官方的。作者雖然引述了康熙皇帝評價鄭成功的話:「明室遺臣，非吾亂臣賊子」，而且對鄭成功的志氣、才能有所讚美，不過，還是批評他竊用明朝帝號紀年，抗拒天命，行為迂腐狂悖，使人民飽受戰亂之苦。

其實，清朝康熙皇帝的那一番話，也是在鄭氏家族於 1683 年（清康熙二十二年）投降之後才說的，顯得十分大方。然而在此之前，也都是以「偽」、「逆」的字眼來形容；在此之後，也並未放鬆對於鄭氏的壓制與批判。

表面上，清朝對於投降的明鄭勢力優待，康熙皇帝還「允准」鄭家後人將鄭成功、鄭經等人遺骨，歸葬於福建南安的家鄉，並御賜輓聯:

四鎮多二心，兩島屯師，敢向東南爭半壁
諸王無寸土，一隅抗志，方知海外有孤忠

康熙皇帝十分聰明，表面功夫作得很足。但事實上清廷對於鄭氏的忌恨之深，由許多行為可以看出:

鄭氏族人鄭克塽、主要臣屬如馮錫範等，以及明朝宗室子弟，全部遷往北京，長期處於嚴厲的監視之下，鄭氏族人還入籍滿人的「上三旗」來加以管束，絕不許留滯於閩臺。

鄭克塽雖然被封為「漢軍公」，但是毫無實際職務；鄭家的財產在北京逐漸消耗，官方卻不發還鄭家在東南一帶的財產。

其他文武官員與士兵，則分別遷往內地各省，被迫在簡陋艱難的環境下墾荒。部份將兵則派往極北方的雅克薩城，刻意驅使南方的水軍，在冰天雪地裡與俄羅斯人作戰。

鄭成功、鄭經遺骨歸葬，不准由鄭克塽本人執行，而派其弟代理；歸葬完畢，鄭氏族人依然不得停留維護鄭家祖墳，必須立即返回北京。

閩臺遺留之鄭氏文物遺跡頗多遭焚燬，或為官方禁止流傳，或為懼怕官方逼害而自行毀去……

對於投降的明鄭勢力，清廷雖然沒有趕盡殺絕，然而嚴厲整肅，自然不在話下。

另外，鄭克塽正式投降之後，清朝官方依然稱之為叛逆。例如，順治、康熙時期清軍與明鄭的爭戰和對峙之中，奏摺中向來稱鄭氏為「偽」；康熙皇帝收到鄭克塽的降表時，在敕諭中形容鄭成功「盤據島嶼」，「竊據一隅，甘外王化」，這是把他視為化外的海寇了。

到了乾隆時期，鄭成功在《八旗通志》中被稱為邊患，官修的《逆臣傳》中也被列入「逆臣」。

直至光緒朝之前，在清朝官方文件或民間公開刊行的書籍中，雖然不至於完全排除鄭成功忠君的形象，以及延長明祚的事實，也無法否認他開闢新土的貢獻，但是仍以貶抑居多。

許多人曾提出，康熙曾在明鄭滅亡十幾年後，讓鄭氏子孫把鄭成功、鄭經遷葬南安，還留下了兩次讚揚鄭成功的文字記錄，因此在清朝初期，官方對鄭成功的評價似乎已較為正面。然而，若考慮到諸多官方措施，那些壓抑、摧殘鄭氏舊屬的作法，以及大多數的文書用語……，清朝官方對鄭成功也只是偶有稱讚，但該壓制時卻絕不放鬆。

除了清朝官方立場之外，撰寫明末歷史的清朝文人，大部份也遵循官方的正統觀點，將鄭成功視為叛逆；部份較傾向明鄭的著作，則因為政治環境的壓制，無法公開刊行。因此，大部份涉及明鄭的出版物，其中所呈現出的鄭成功形象，大致與清廷的說法相去不遠，最起碼也不抵觸官方的立場。例如婁東梅村野史的《鹿樵紀聞》，以及楊陸榮的《三藩紀事本末》，其中有關鄭氏的部份，即標明為〈鄭成功之亂〉；或者如郁永河的《偽鄭逸事》，也指鄭氏的勢力為「偽」政權。這都是以清廷的官方立場，將鄭成功的行為視為叛亂，或將戰亂的責任放在鄭氏的身上。

依據「成王敗寇」的邏輯，在清朝末年之前，鄭成功在中國的形象，是一個正統王朝的叛逆、錯誤地選擇了效忠明朝的忠臣、時常侵擾海疆的海寇，然而同時，也是上天賦予特殊命運與能力的人物。

閩臺地區民眾心目中的神明

即使清朝對於鄭成功事業的貶抑與壓制，影響了大部份書籍的立場，不過鄭成功家族的舊勢力範圍：閩南、臺灣一帶，卻另有更複雜的情緒。

在《臺灣外紀》、《鄭成功傳》裡，有許多鄭成功的神話、傳說，就是來自閩臺民間口語流傳的故事。特別是在臺灣，除了口傳的故事之外，民間對於鄭成功的祭祀也仍殘存。

最早的祭祀行為，是在 1662 年鄭成功過世後，1663 年鄭經於承天府（今臺南市）寧南坊內所建的「鄭氏家廟」，

圖 1　現今臺南的鄭氏家廟大門

奉祀鄭成功與鄭氏遠祖；不過此時，祭祀者僅限於鄭氏族人。

1683 年鄭成功之孫鄭克塽投降清朝，清軍入臺，在 1695 年（清康熙三十四年）時，《臺灣府志》上記載著承天府東安坊有一座「開山王廟」，文字中並未說明祭祀的是哪一位神明；但後世傳言，該廟就是祭拜鄭成功，為避免遭清朝官方猜忌，而託名為開山王廟。

若依照這個說法，開山王廟可能是一般民眾祭祀鄭成功的第一所廟宇。後來殖民時代的日本人山田孝使就認可此一說法，且說明「開山王廟」也被稱為「開臺聖王廟」，「是庶民私祀延平郡王的場所」。用今天的說法，這是一間「私廟」。

到鴉片戰爭前後（1840 年，清道光二十年左右），開山王廟的聯境組織（一種民間廟境聯防組織）都已經認定自己所祭拜的是鄭成功，而且，臺南地區還有五個神明會也祭拜鄭成功。

在其他地區，南投、大甲、苗栗各有一座鄭成功廟，即竹山沙東宮、大甲鐵砧山延平郡王廟、竹南三聖宮，而這些廟宇都有各自的神奇傳說。例如，竹山沙東宮有東埔蚋莊書生向成為神明的鄭成功祈願而考上秀才，鐵砧山延平郡王廟留下了鄭成功以劍插地而得泉水的傳說，竹南三聖宮則有道光年間（1821～1851 年）地方仕紳以開臺聖王鄭成功為主神，協調漳州人與泉州人的說法。

另外，根據清末時沈葆楨於 1874 年（清同治十三年）〈請建延平郡王祠摺〉裡面的說法，當時臺灣民間就已經將作為神明的鄭成功，託附於叢林中的神祠，即所謂「附叢祠」、「私祭」等等崇祀行為。

由此可見，在清朝末年 1874 年之前，清政府雖然沒有崇拜鄭成功，但是在臺灣民間，鄭成功已經逐漸成為有利於民的地方開山祖，或者祈願靈驗的保護神。

臺灣地方文人的感懷

除了民間一般民眾的口傳故事，以及神祇崇拜之外，在臺灣的文人方面，我們還找得到許多與鄭氏有關的詩文。

以文人的詩文為例，清代臺灣方志中的藝文志裡面，固然有收錄一些「蒙聖恩」之類讚頌清廷的文字，但其中似乎也藏有許多對於明鄭的惋惜之情。

例如，〈東寧友人貽丹荔枝十顆有懷〉從友人送的水果來感懷「舊國」，〈過寧靖王墓〉感嘆明鄭庇護下的最後一個朱姓王，〈五妃墓〉中讚揚與明朝寧靖王共同殉死的五個妃子「直抵田橫五百人」，〈赤崁城〉中的「日月過天」、「滄海茫茫故國情」，〈臺灣雜詠〉中父老們猶然記得「五十年前兵甲事」……等等。

圖 2　五妃廟正面（左）及入口處（右）　五妃廟位於五妃墓之前，而五妃墓則是明寧靖王朱術桂從殉姬妾袁氏、王氏、秀姑、梅姐及荷姐五人同葬處。1683 年（清康熙二十二年，明永曆三十七年），清軍入臺，明鄭滅亡，寧靖王決心殉國，其五位姬妾寧願全節，相繼自縊於中堂。後人將之合葬於魁斗山（即桂子山），並在墓前建廟祭拜。五妃廟歷經清乾隆、光緒年間，以及光復後多次改建，現列為國家一級古蹟。

詩文裡似明若暗，透露著對於明鄭的懷念之情，從一事、一景，都可以引出這些感慨。

而鄭成功的「開臺」，初步確立了漢人對於臺灣的控制權，已由後來的發展而成為牢固的歷史事實，因此，一提及臺灣的開發史，就不可能不談鄭氏，而一談到鄭氏，就不可能完全排除明鄭時代的開拓「功績」。

種種懷舊（故國、舊國）之情，對於開闢先賢的感激，以及對於閩、臺地方曾出現過英雄人物、剽悍軍人的自豪……等等，這些情緒都還繼續存在著，官方很難加以根除。

對於鄭成功及鄭氏政權是否受到東南沿海與臺灣民眾

的一致擁戴，後世學者曾表示懷疑，因為鄭芝龍、鄭成功等是泉州人出身，漳州黃梧、潮州吳六奇可能因鄉土利益衝突而背叛鄭氏；金門人中有抱怨鄭軍將島上樹林砍伐殆盡的批評；而登陸臺灣時，依照荷蘭人的說法，也殺過漢人、原住民；入臺之後，對當地住民採取重稅政策，形同壓榨……。

但我們還是可以從閩臺民間（特別是臺灣）不斷累積的鄭成功傳說、感懷與祭祀等方面看出來，在這些地區，即使不受清政府的歡迎，民間對於鄭氏的正面評價，仍然越來越明顯，不論這樣的評價是如何形成的。

西方人眼中的海盜與異教魔王

至於被鄭成功打敗的荷蘭人，以及被鄭成功威脅的西班牙人，對他並沒有留下什麼好評價。

就荷蘭人來說，他們在十七世紀時，於臺灣設置殖民地達三十八年之久，並且有許多相關的檔案與記載，其中《被遺誤之臺灣》(*'t Verwaarloofde Formosa*) 一書，記載了鄭成功與荷蘭人的和、戰關係，以及正式交戰時的情況，是西方文獻中經常被引用的一手資料。該書署名 C. E. S.，可能就是 Coyett et Socii（揆一及其同僚）。

揆一 (Frederic Coyett) 是鄭成功進軍臺灣時，荷蘭聯合東印度公司派駐的總督，曾率領相對數量極少的荷軍，在臺與鄭軍對抗；戰敗回到荷蘭之後，被認定為有嚴重疏失，被判處重罪。在當局嚴禁東印度公司相關人員暴露內幕的情況下，他很可能為了主張自己並無任何不名譽的過失，因而匿名寫作《被遺誤之臺灣》來申辯。

揆一除了聲明自己無罪而有功、指責荷蘭聯合東印度公司巴達維亞當局的失誤之外，還多處批評鄭成功的殘暴。書中記載，鄭軍在圍攻熱蘭遮城時，不但虐待俘虜，還屠殺了五百多人，其中還包括婦孺；至於存活下來的婦女，則成為鄭軍將領的姬妾。書裡還有一幅鄭成功指揮軍隊的畫像，不過卻把鄭成功畫成一個全身裹著怪異長袍、口吐長舌、手為利爪的異教魔鬼。

除此之外，絕大部份的荷蘭文獻，也都把鄭成功視為殘暴的海盜，極力描述他暴躁、殘酷的個性。例如，荷蘭方面的檔案《東印度事務報告》，其中有關臺灣的部份，集結為中文翻譯的《荷蘭人在福爾摩莎》一書。書中指出，鄭成功攻擊在臺的荷蘭人時，不但大肆屠殺，而且搶奪荷蘭婦女，迫害傳教士，荷蘭方面並將這些記錄送往與荷、鄭皆有貿易往來的日本，希望這些記錄能夠損害鄭成功的名譽與聲望。

書中還記載，當鄭、荷尚未交戰而友好通商時，某次鄭成功生病，雖有荷蘭人派出西醫前來看診，但鄭成功卻

圖 3　荷蘭人所建之「熱蘭遮城」殘蹟　十七世紀時為荷蘭人所建，原名「奧倫治城」，後改為「熱蘭遮城」，明鄭時期改稱「安平鎮」，清代為「軍裝局」，日本時期改建為日式海關宿舍，戰後稱為「安平古堡」並整修為古蹟。由於歷代的戰爭、取用建築材料與改建，安平古堡內只剩下照片上的一小段遺跡，屬於荷蘭時代所建。右圖為原熱蘭遮城之外城南面城牆，照片上的小門，據說為鄭成功佔領後所開。

疑心有人要暗害他，不敢服藥，使那名醫生徒勞無功。

荷蘭殖民臺灣時期的另一份記錄：《熱蘭遮城日誌》當中，也描述了那位替鄭成功看病的白爾耶醫生，他非常不喜歡待在鄭成功身邊，因為鄭成功不但不信任他，開藥時要由中國醫生檢查，更目睹許多人因小過錯而被殘酷處死，連親人姬妾也不例外。

還有《梅氏日記》，原本是荷蘭聯合東印度公司檔案中的一份文件，由署名 Philippus Daniel Meij van Meijensteen

（中譯簡稱為「梅氏」）的土地測量員，於 1662 年所寫給公司的報告。《梅氏日記》的原標題，說明了它的內容：「……記載中國官吏國姓爺猛烈攻擊福爾摩沙的經過情形，以及我們被俘虜的人在那期間的情況」。

在《梅氏日記》中，這樣描述攻擊熱蘭遮城的鄭成功：「……他開始擊打雙拳，跳動雙腳，口吐白沫，狂怒不已，簡直像個著了魔的人……」。梅氏也常說鄭成功意見反覆、不相信他這位荷蘭俘虜以及其他的荷蘭人。梅氏有時更直接稱鄭成功為「異教徒獨裁者」，或者在這個稱謂之前，再加上「血腥的」這個形容詞。聽起來，鄭成功更像是個怪物，而非一位英雄。

荷蘭聯合東印度公司的瑞士籍傭兵 Albrecht Herport，也有一本回憶錄《爪哇、臺灣、印度及錫蘭旅行記》。這本書與揆一《被遺誤之臺灣》相同，都記述了一位叫做 Anthonius Hambroek 的荷蘭牧師，被鄭成功的軍隊俘虜之後，英勇不屈，最後遇害。有趣的是，這個牧師的事跡，後來就像鄭成功在東方一樣，成為一些通俗戲劇中的主角，以及荷蘭優良兒童讀物中的模範人物；根據西方的記載，以這個牧師的事跡所編製的戲劇，最早在 1775 年就上映過了。

不過西文記錄中，也數次提及鄭成功浩大的聲勢，以及稱雄海上的事實。例如荷蘭駐臺總督揆一就說：「國姓爺要表示他那反抗滿清之不死的雄心，便自己起來率領流亡

圖 4　臺南赤崁樓前的「鄭成功受降圖」　赤崁樓原稱普羅民遮城，與安平古堡（熱蘭遮城）一樣，都是荷蘭時代興建，而後歷經明鄭、清朝、日本殖民、戰後民國時期的多次改建，現在成為國家一級古蹟。赤崁樓前的鄭成功受降圖，原本的雕像中荷蘭人是跪著投降，後因荷蘭人抗議且不符史實，才改為今日的模樣。

的華人，集結一大軍事力量，他即以此使敵人無論在海上或陸地，都一樣蒙受嚴重的創傷。」

雖然他形容攻打荷蘭城堡的鄭成功軍隊為「瘋狗」，但也承認鄭軍十分勇猛，「好像每個人都另有一具不用的身體剩在家裡似的」，「雖然許多人被打倒了，但也從不考慮停止」，「從不四周尋視，他們後面有無同伴跟著」。

總之，上述種種西文記錄裡的鄭成功，呈現出一個既惡劣、又強大的形象，形同怪物。他不但是個很有勢力的海盜、異教徒，而且作風殘酷野蠻，迫害上帝的子民，手下則不乏悍猛善戰的將兵,因此能在東亞海洋上稱霸一時。

不過，這西方記錄並沒有解釋，鄭成功與荷蘭方面的戰爭，既然最後是以簽訂平等的條約作為結束，這是否就顯示了鄭成功並非是個不講理的暴君，否則，如何能夠與作為文明人的荷蘭人溝通？而荷蘭人戰敗之後，條約中雙方仍議定交換俘虜人質，所有荷蘭人能安全撤離臺灣，並且帶走各自的私人財產，以及必要的航海用品、食水、兵器……等等，這些戰敗者所受到的禮遇，卻又不是強調的重點。

西方人對於鄭成功「海盜」、「殘暴異教徒」的形象與評價，在中國民眾當中雖不見得有影響，但卻在很長的時間裡，主導了西方世界的看法。

晚清以來的正面形象

在清朝，不論官方如何地將他視為叛、逆、偽，如何設法消除鄭氏的影響，然而閩臺民間，不論是基層民眾或部份文人，卻留存著與清廷不同的複雜情緒，隱然還存在著某種對抗的情緒。

此時，鄭成功英雄式的絢爛傳奇，主要集中於東南沿海閩臺一帶，具有明顯的地域性與草根性，而且混雜了超自然的神秘性；而他最受人矚目的事跡，也不脫明朝忠臣、稱霸海上、雄踞一方、收取臺灣、庇佑民眾……等等，帶有濃厚的中國傳統忠臣形象、開疆闢土的地方開拓者色彩，以及神化之後的民間崇拜。

官方陣營與閩臺民間，雙方的認知差距如此巨大，清朝要怎麼看待鄭成功所遺留的影響？這是個問題。

清末官方大翻案

在中國的傳統中，教導正確的行為與道德觀念，經常以歷史做為借鏡，而做為範例的歷史人物，若不是體現良好品德，就是成為反面教材；在各朝的官修正史中，很清楚地體現了這種價值，例如為忠臣、節烈、隱逸……等人物立傳，同時也把奸臣、逆臣放在另外一類。岳飛、文天祥等人的事跡，都成為後世各朝忠君愛國的道德楷模。鄭成功雖然被清朝視為叛逆，但到了清末，也逐漸成為官方所吸收、運用的歷史人物。

十九世紀後半，1874 年日本出兵臺灣的牡丹社事件之後，臺灣做為帝國屏障的重要性受到清廷的注意，因此派出欽差大臣沈葆楨來臺辦理海防事務。在臺灣地方仕紳楊士芳等人的請願之後，沈葆楨於年底與閩浙總督、福建巡撫、福建將軍聯名，奏請清廷在臺灣為鄭成功立祠。

沈葆楨奏摺的內容主旨大致為：鄭成功具有「感時仗節，移孝作忠」的忠義精神，值得為民表率；他生前忠於故國，死後英靈佑民，遭逢水旱災異時，民間向其祈禱，據稱頗為靈驗，因此應順應民心公開祀奉；而且他不但有忠烈之名，更是臺灣最初期的開闢者。基於以上理由，雖然鄭成功忠於前明，仍請皇帝允准替鄭成功立祠，以便順應輿情，讓臺灣民眾「知忠義之大可為」，並有助於「正風俗、正人心」。

所以隔年（1875 年，清光緒元年）一月，光緒皇帝批准，由官員在臺為鄭成功立祠，並由禮部追謚為「忠節」。同年三月，沈葆楨拆除舊的開山王廟，在原址重建一座福州式的「延平郡王祠」。

由大官上奏摺、皇帝批奏摺的內容來看，建祠與追謚的目的，是為了樹立忠義榜樣，著重在教化的功能。

在打壓了一百多年後，由於外國侵逼日甚，官方終於一改對鄭成功的禁止與負面評價，轉換策略，和閩臺民間崇拜鄭氏的情感和解，然後試圖吸納、收編他的影響，以激發子民的忠義精神，對抗外國。

清朝中央語帶保留，地方官員大力推崇

不過，清朝官方替鄭成功的「翻案」，其實仍語帶保留，另有玄機；因為依照 1681 年（清康熙二十年）之後的追謚方式，親王、郡王的謚號只有一個字，中級官員才用兩個字的謚號。如此看來，清朝官方雖然想運用鄭成功的形象，但還是拘泥於清廷的「正統」觀念，給予「降一級」的貶抑。

但這樣的小動作，對於直接面對百姓的地方官來說，只是次要問題罷了。

中央一翻案，地方官員對鄭成功的各式褒獎，就毫不猶豫地滾滾而來。例如身在臺地的沈葆楨，就為延平郡王祠作楹聯一對：

開萬古得未曾有之奇　洪荒留此山川作遺民世界
極一生無可知何之遇　缺憾還諸天地是刱格完人

臺灣建省後的首任巡撫劉銘傳，也於 1889 年（清光緒十五年）作楹聯：

賜國姓　家破君亡　永矢孤忠　創基業在山窮水盡
復父書　詞嚴義正　千秋大節　享俎豆于舜日堯天

以上是較著名、較有代表性的。

此外，還有許多地方官員的楹聯，掛滿了延平郡王祠的大殿與鄭成功塑像左右。例如，在開山王廟時期，只有 1873 年（清同治十二年）知臺灣府事周懋琦曾獻聯一對，但在官方給予鄭成功正面的新評價之後，除了沈葆楨、劉銘傳之外，獻聯的還有候補知府署臺防同知袁聞柝、撫閩使者王凱泰、分巡臺灣兵備道夏獻綸、臺灣總兵張其光、知臺南府事方

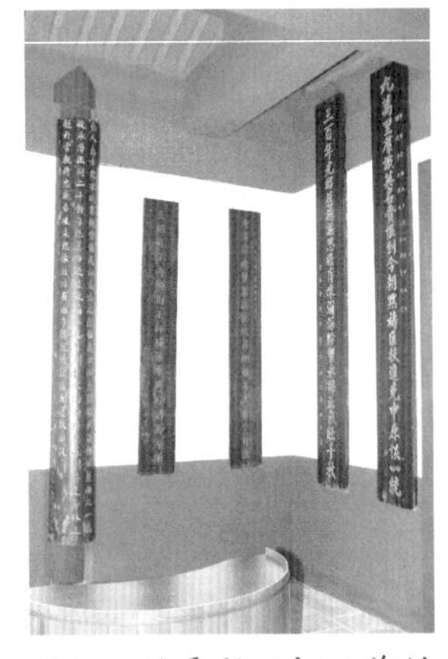

圖 5　延平郡王祠目前所保存的楹聯　這些楹聯記載了歷代官方對於鄭成功的評價。

祖蔭、臺灣巡撫唐景崧……等人。

清朝對於鄭成功態度的轉變，代表著官方以自己的立場與目的，調整了新的角度，重新介入鄭成功形象的塑造過程，認同了民間原已形成的部份形象，也設法轉化為對抗外敵的民氣。

當然，歷史人物的形象不可能任意塑造，而必須考慮到歷史人物已被認知的生平事跡、已經存在或正在流行的形象，以及當時社會的道德評價等等因素。鄭成功在民間已經有了忠臣英雄之名，清朝政府順應民意加以肯定，就能夠讓人較容易接受官方的說法；而官方則在與民間的鄭成功形象妥協之後，期望能藉此加強臺灣抵禦日本帝國的能力，但是，卻也小心翼翼地不去觸碰鄭氏「反清復明」的色彩。

這個時期的鄭成功形象，仍然沒有脫離傳統的忠君、開拓者、地方保護神的形象，地域性依然存在，不過官方已經把他納入「官廟」的系統，與其他的忠孝節義歷史模範並列，如同其他具有全國性知名度的神祇一樣；官方將他反清復明的強烈色彩，設法轉化為單純的忠君愛國形象，而且還期望能將這種形象，連繫到對抗外國的實際目的。

不過，清廷對於鄭成功的重新肯定，大致上仍屬於地方層級，還是以閩臺官員出面，將中央朝廷對於鄭成功的褒獎加以重申與發揮，用意在於安撫地方、振奮民氣。

就在清朝官方將鄭成功重新定義為忠君愛國榜樣的同時，以推翻滿清政府為職志的革命黨人，卻更進一步開發出鄭成功作為全國性偶像的潛力，並將之轉化為近代民族主義式的形象。

中國民族主義革命的諸神之一

十九、二十世紀之交中國民族主義的興起，徹底改變了鄭成功歷史形象的命運。民族主義以強大的種族、血緣、歷史、文化所建構的意識型態之力，改變了對歷史人物的詮釋角度，突破了鄭成功的傳統形象：明室忠臣、忠君愛國，以及地域色彩。鄭成功從此上升為全國性的政治典範之一，展開他新的形象史。

於是，歷史被定義為「民族」的歷史，所有的成就變成「民族」的成就，「民族」的特性被保存、紀念或振興，因為它們建立了「民族」的認同，並在其中培養「民族」的榮耀。

中國民族主義的創造過程，與別的民族相同，必然要抽離原本的歷史脈絡，重新編排新的「民族」歷史，而歷史人物也偏離原本被認知的意義，被重新賦予新的角色，甚至重新復生。

不過，雖然臺灣是同情明鄭的主要區域，而且，1895 年

（清光緒二十一年）當臺澎割讓給日本時，也曾有反對日本統治的臺灣漢人儒生曾春華、丁南金，試圖仿效鄭成功焚燒儒服的行為，作為剿殺日軍、奪回故土的宣示儀式；然而，這只是曇花一現。鄭成功「死而復生」，他的形象真正轉化為民族主義的典範人物，卻發生在臺灣之外。

1895 年清朝割讓臺灣，更加刺激了中國民族主義革命的興起。二十世紀初伴隨著中國民族主義而重新復生的歷史人物，有黃帝、岳飛、文天祥、史可法……等等，當然也包括鄭成功。

1903 年（清光緒二十九年），也就是民族革命的聯盟組織「中國同盟會」成立的那一年，中國已經有人感受到「古人復活」的風潮，例如當時的蔣智由就發現「伴隨民族主義之發生而復活者」，一個是被提出來當做中國最古始祖的黃帝，另一個就是南明抗清的鄭成功；鄭成功從原本被人們不齒的叛逆，漸漸變為「照耀於中國人之眼中，而數為一代之人傑」；就在同一年，便有署名為「匪石」與「亞盧」（柳亞子）的兩篇鄭成功傳記刊行。

匪石的《鄭成功傳》最早於 1903 年刊登在海外留學生的刊物《浙江潮》上面，以《中國愛國者鄭成功傳》為名，之後轉載於幾份在日本出版的留學生刊物，例如：《湖北學生誌》、《新湖南》、《江蘇月刊》……等等，當時東京的清國留學生會館也發行過單行本。

在匪石的筆下，鄭成功不只是個閩南英雄，而具有全國性的象徵意義；也不只是個中國傳統文化脈絡下的忠君愛國者，而是抵抗外來侵略與統治的民族英雄。鄭成功有了如下的崇高讚美：

「臺灣島主鄭成功」，

「海南孤島之英雄」，

「中國自有之英雄」，

「中國愛國者鄭成功」。

匪石希望，中國的國民都能「凝望非中國土之臺灣」，「下拜二百年前中國已死英雄鄭成功」，「諦聽中國愛國者鄭成功傳！」

鄭成功傳奇故事的幾個段落，也更加以發揮。

例如鄭成功的日本母親在清軍攻破城池時不幸罹難，在各種史料中眾說紛紜，而在匪石的傳記中，則作如下敘述：

> 成功母在圍城中而題曰：「余夫非中國人乎！今惜一死，何顏面以對中國！」

然後自殺身亡。在作者的筆下，就連鄭成功的日本母親，都是為了中國而死的。

而且，鄭成功「焚儒服」起兵的那一段傳說，到了匪石的筆下，還外加了一段近代中國民族主義式的誓詞：

> 忠孝伯招討大將軍罪臣國姓朱成功，敢以一掬淚、一滴血瀝誠竭忠以誓於我三軍、我普國國民之前：……夫國民之所以能受光榮者，徒以有國在耳……嗚呼！不有國、毋甯死……

這樣的「創造」，當然是作者將近代的民族主義，刻意放在前近代的歷史人物身上。

當時並不是只有匪石這樣做；鄭成功、史可法等明末抗清人物，原本就是當年民族革命宣傳中最受重視、傳頌最廣的。特別是鄭成功的敘事論述，數量之多，分量之重，是其他「民族英雄」所不能比的。

除了匪石之外，還有亞盧（柳亞子）也於同年在《江蘇》發表《鄭成功傳》。

亞盧《鄭成功傳》認為，中國歷史上極少有「民族英雄」，多是為了一家一姓的皇室而效忠，而真正為了「民族全體」的英雄，「非我絕代佳人鄭成功而誰屬哉」；他面對北方滿族的入侵，西洋殖民者的軍艦，懷著忍無可忍的國仇家恨，日夜圖謀「保種保國」之策，江南失利之餘，新闢臺灣為「漢族最後之居留地，海外的新中國」，後來鄭氏亡後，臺灣雖淪於異族之手，但是能與滿族、西方人抗衡爭先者，就是鄭成功這樣的漢族英雄。亞盧《鄭成功傳》後收入《黃帝魂》一書時，鄭成功在書中已被譽為「吾民族第一偉人」。

接下來，1904 年（清光緒三十年）的《中國白話報》也發表了白話文的《中國排外大英雄鄭成功傳》。除此之外，清末也有很多涉及鄭成功的詩文，例如《國民日日報》即收錄詠讚鄭氏的長詩二首：署名「劍公」的《鄭成功》和「慈石」的《讀鄭成功傳》。

1906 至 1907 年間（清光緒三十二、三十三年），中國同盟會機關刊物《民報》分期刊出署名「浴日生」的《海國英雄傳》歷史劇，雖然沒有登載完畢，但作者在序言中說：

> 夫自莊烈殉國，韃靼入關，其不愧黃帝子孫，泣血誓師，不共天日，與逆胡抗戰，卒據臺灣一片乾淨土，延明祀於二十餘稔者，其吾國英雄鄭成功之力也。

給予鄭成功充分的肯定。

1910 年（清宣統二年），《民報》又刊載義皇正胤（易本羲的筆名）所作《南洋華僑史略》，其中特闢專章來記述鄭成功的光輝事跡，認為鄭成功與鄭和等海外開拓者的功績相當，證明了中國人自古以來已在海外擁有殖民地。

總之，在二十世紀初，1911 年辛亥革命之前，中國民族主義者重新編排了歷史英雄的系譜。鄭成功成為最好典範之一，用來激發民族革命的熱情。

此時，他的形象已經脫離傳統的明室忠臣、清朝叛逆、閩臺英雄人物或守護神的傳統評價，轉而成為中國（漢人）民族主義的標竿人物之一。

由這時候開始，鄭成功就被供奉在中國民族主義的萬神殿中，配享他自己也料想不到的香火供奉。

鄭成功創建了天地會？

1911 年辛亥革命成功之後，民族主義的地位為之一變，從地下流傳的革命激情，成為正大光明的民國正統。以民族主義此一新標準，來擦拭舊史、重編新史，已經有了相對合適的環境。

不過民國成立之後，鄭成功反抗滿清這個主題，不再是民族主義者所關心的重點了；他雖然仍具有民族主義的形象，但在政治上已經不是十分「熱門」。

然而，延續了清末排滿革命時的說法，鄭成功開始被許多人認為是秘密會黨的創始人。

辛亥革命之前，就開始有學者將鄭成功列為「天地會」

的創建者，把十七世紀已退出歷史舞臺的鄭氏，挪接上十八世紀之後民間會黨的反官方活動。最早有歐榘甲在《新廣東》上直指鄭成功創建了天地會，以進行反清復明活動；還有浙江一帶的革命領袖陶成章所撰寫的《教會源流考》，也說天地會的始倡者為鄭成功；此外，章太炎，甚至孫中山等人都如此主張。

辛亥革命之後，溫雄飛、蕭一山、羅爾綱等人，也認為鄭成功創建了「天地會」，甚至，當時已經處於日本帝國統治下的《臺灣通史》作者連橫，也採用這個說法。

然而，從天地會僅存的原始資料中，很難找出證據來證明鄭成功（或其僚屬陳永華等人）與天地會的關係。因此，史學界中時常質疑這個觀點。

不過「鄭成功創天地會」的說法，已經傳布開來，在小說、通俗歷史書籍中仍常見到。

除了天地會創始的相關爭論之外，在民國初年，鄭成功的紀念活動與討論，也仍有一些。

在鄭成功的故鄉南安，民國初年鄭氏宗族曾經建造一座紀念他的公園，在鄭氏家廟中建造他與鄭經、鄭克塽的塑像，1915 年（民國四年）福建政府為鄭氏家廟提供官方的獻辭，不久之後，官方紀念鄭成功的廟宇也在此興建。到了 1927 年（民國十六年）國民革命軍北伐風潮正盛的時候，廣東的《中山大學語言歷史研究所周刊》上有一篇薛澄清的論文〈鄭成功歷史研究的發端〉中提到，鄭成功對外國侵略的歷史，應當更能激勵當時整個民族奮發向上、爭取國權的精神。

不過此時，中國民族主義者對於鄭成功的興趣，遠比不上接下來的階段。

對抗日本帝國主義的象徵

中國對於鄭成功重新燃起興趣，是在 1930 年代被日本的侵略行徑所激發的。

1932 年（民國二十一年）《福建文化》裡，王志心的一篇文章〈從國難說到鄭成功〉，把鄭成功與明代時征討東南沿海倭寇的名將戚繼光相提並論，作者認為他們都是有功於國的偉大愛國者，因此應該以他們為榜樣，來對抗新一代前來侵略的日本倭寇。

三年之後，同一份刊物又刊登了楊樹芳的〈鄭成功事蹟考〉，更把紀念鄭成功的精神，與奪回日本佔領的東三省、琉球及臺灣互相聯繫起來。

1934 年（民國二十三年），章衣萍《鄭成功》在上海出版，到 1940 年（民國二十九年）時已經出了第九版。書中雖然為中國失去了臺灣而悲傷，也提到鄭成功這位悲劇英雄的精神將永垂不朽，但或許是顧慮日軍的直接威脅，很少直接提到反日之類的訴求。

盧溝橋事變發生的 1937 年（民國二十六年），商務印書館出版余宗信編著的《明延平王臺灣海國紀》，同樣讚美鄭成功的精神，並希望以他抵禦滿清與歐洲殖民者為例，使當代的愛國者警覺到眼前的國難，以抵抗日本帝國主義的侵略。

1941 年（民國三十年）中日戰事正熾之時，在日軍佔領的淪陷區裡，仍存在著上海的英法租界區，租界區在同年 12 月太平洋戰爭爆發之前，日軍尚未侵入，因而成為淪陷區內唯一可為中國民族主義發聲的「孤島」；在那裡仍有一些作家努力於歷史劇的創作，為中國對日抗戰而服務。當時上海「國民書店」出版了筆名「魏如晦」的三部南明歷史劇，其中有一齣四幕劇《海國英雄》，又名《鄭成功》，作者說明自己「始終是在極度的敬意下，審慎而又審慎地寫下了每一行的」，作者通過鄭成功前線殺敵抗清，與其父「賣國賊」鄭芝龍決裂，攻打南京，失利後退守臺灣等情節，竭盡所能的強調他最偉大的精神：

> 不為威逼，不為利誘，刻苦，耐勞，忍受人間一切的慘痛，不為最大的失敗灰心，為公忘私，為國忘家，不屈不撓，苦鬥到底，一個韌性的恢復故土的偉大的意念與實踐精神！

據說上演的時候，在許多文藝界人士當中與社會上引起的熱烈反應，當時僅各報刊推薦討論此劇的文章，就發表了近百篇。

十分諷刺的是，就在中國以鄭成功來激發抗日愛國情感的同時，臺灣在日本的殖民統治下，同樣也以鄭成功的形象來激勵臺灣人（與日本人），鼓動對外戰爭。這一點將在下一章中詳細介紹。

到了 1946 年（民國三十五年）日本戰敗之後一年，作為戰勝國的中國，仍然在首都南京，出現了李旭《鄭成功》這部通俗傳記。書中把鄭成功對於隆武帝（唐王）的個人忠誠，解釋成對於國家領袖的個人忠誠，並強烈暗示這就是對於國家的忠誠；另外，還稱讚鄭成功在臺灣促進經濟發展，使臺灣成為中國人的土地；作者還說，鄭成功與他的部屬陳永華創設天地會，將中國國家獨立的精神從臺灣傳遍全中國。

在日本戰敗，殖民地臺灣、澎湖等地又重新屬於中國的時候，透過鄭成功來強化臺灣與中國本土的關連性，正符合當時的政治需要。

透過民族主義的大力加持，鄭成功的形象，不斷重新復活、上升、演繹、蛻變，逐漸成為連他自己都不認識的模樣。

日本江戶時期到明治維新

日本人在對外戰爭時期，曾經利用過鄭成功的形象。不過，鄭成功的形象，並不是一開始就做為帝國的戰爭工具。

他原本只是一項庶民娛樂，一位通俗故事的男主角，有些時候則成為教化民眾的道德模範，就像中國傳統一樣。到了明治維新之後，鄭成功形象才與日本帝國緊密結合起來。

日本人最早的「國姓爺」熱，是在鄭成功過世（1662 年）的數十年之後，由 1715 年上映的流行戲劇所開啟的。從此之後，鄭芝龍、鄭成功家族與日本的海洋貿易、鄭成功本人的日本血統與淵源、對抗勢力強大的清軍鏖戰終生的傳奇、奉明朝正朔的耿耿孤忠……等情節，才逐漸為江戶時代（即「德川幕府」時代，1603～1867 年）的日本人所熟悉。

這個時期日本庶民對於鄭成功的認識，在未來深深地影響了日本帝國主義時代，以及統治臺灣時期的鄭成功形象。

「國性爺」——庶民文化中的日本英雄

鄭成功向幕府「乞師」請求援助的時候（約 1649 年，日本安慶二年，南明永曆三年，清順治六年），日本官方已得知有此號人物，不過此時的日本，認識鄭成功的應該還只限於少數人。鄭成功在日本為眾人所知，是在十八世紀初期。

1715 年（日本正德五年，清康熙五十四年），也就是江戶時代中期，德川幕府第七代將軍統治期間，淨瑠璃劇《國性爺合戰》在大阪的竹本座上演，造成連續十七個月演出的盛況；據估計，大阪三十萬人口中，有多達百分之八十的民眾看過此劇。這是鄭成功風靡日本的最早記錄。

使鄭成功在日本大大有名的《國性爺合戰》，其作者近松門左衛門（Chikamatsu Monzaemon,1653～1725 年），本身就是個大名鼎鼎的人物。他本姓杉森，名信盛，近松門左衛門其實是他的筆名。原為武士家庭出身，曾供職於一朝臣家中，後感於仕途艱難，毅然辭去職務，投入演戲藝人的行列。當時這種行業在社會上的地位很低，遠遠不及他出身的武士階層，不過他卻一心一意地以畢生精力去從事戲劇創作，在演劇藝術上創造了輝煌的成就，被後世譽為「日本莎士比亞」。

近松在淨瑠璃劇《國性爺合戰》上演之前，其實已經聲名大噪了。《國性爺合戰》則使日本出現「國性爺」的熱潮，使「國性爺」在日本一般民眾的心目中，知名度大大提高。

其實在近松的《國性爺合戰》之前，約於 1700 年左右，已經有日本人錦文流寫的歷史小說《國仙野手柄日記》(《國姓爺功勳日記》)，但詳細內容今天已經無法得知。而在《國性爺合戰》之後，依照此劇而改編、延伸的作品，就有二十多種之多，例如正本屋九兵衛於 1716 年(日本享保元年，清康熙五十五年）刊行了《國性爺合戰》繪本，近松自己也在 1717 年（日本享保二年，清康熙五十六年）再寫作了劇本《國性爺後日合戰》、1722 年（日本享保七年，清康熙六十一年）創作了《唐船噺今國性爺》，另外也還有許多作家，持續捲入這個從未真正衰竭的熱潮。

然而，《國性爺合戰》之中的鄭成功，在劇中名喚「和藤內」(「和」指日本，「藤」指唐 / 中國)，與同時代的清朝官方、文人或閩臺民間所熟知的那位鄭成功，顯然完全不同。

我們從《國性爺合戰》的內容來看。故事的概略如下：

明朝奸臣李踏天通敵清軍，明朝遺臣吳三桂護衛先帝之遺孤隱居於九仙山，先帝之妹栴檀郡主脫離險境，漂抵日本平戶（位於日本九州西部，鄭成功出生地)，由「和藤內」(即鄭成功)救助。和藤內侍奉父母回到故鄉福建之後，圖謀抗清復明，因而向盤據獅子城的同父異母妹錦祥求援。錦祥的丈夫甘輝不肯，等到和藤內的母親困於清軍而自盡之後，才與之訂約，加入抗清復明的行列。和藤內與甘輝聯手破清軍，誅殺奸臣李蹈天，奉迎幼帝復興明朝。和藤內因為這種功勳，被封為「國性爺延平王」。

對於中文讀者而言，看了這齣日本戲劇中鄭成功的事跡，恐怕會有那麼一點適應不良罷？在《國性爺合戰》戲劇中的主角「和藤內」，活脫脫是個日本人了。

劇中還有一些十分明顯的例子。

例如，第二幕：

> 就這麼出航了……他的出陣和威武好像征討三韓時站在神

圖 6　近松門左衛門《國性爺合戰》時的浮世繪木版畫：〈「國性爺」繪番附之一〉　圖畫中的日本大漢，就是十八世紀時日本民眾所熟悉的鄭成功。（圖畫出處：近松門左衛門著，水谷弓彥（水谷不倒）校訂註釋《新釋插圖　近松傑作全集㈢》，東京：早稻田大學出版部，1910 年，明治四十三年 8 月）

「國性爺」繪番附の二

圖 7　〈「國性爺」繪番附之二〉　穿著和服，日本髮式的鄭成功，孔武有力，大顯神威，把凶猛的老虎踩在腳下：「和藤內生於神國，而由神賦予身體髮膚……雖遠離日本的土地，神將五十鈴河、太神宮的神符附在身上……具有天斑駒素盞鳴尊的神力、天照大神的威德。」（圖畫出處：近松門左衛門著，水谷弓彥（水谷不倒）校訂註釋《新釋插圖　近松傑作全集㈢》）

功皇后艫舳上的武神之再現……神風蘊藏在（鄭成功）父子忠心正直的頭腦中……。

第三幕：

1. 和藤內、一官，有淚不輕彈，乃日本武士之風。
   一官（或稱老一官、一貴）即指鄭芝龍。
2. 日本的和藤內，……武勇過人，連唐土亦無人不曉。
3. 日之本為日之始，仁義五常無所不在，是大慈大悲的神國……。
4. 日本無雙的和藤內。
5. 日本的麒麟，在異國照耀武德。

近松門左衛門筆下的鄭成功，是個生於「神國」日本、具有「征討三韓時站在神功皇后艫舳上的武神」之特質、「神將五十鈴河、太神宮的神符」之庇佑的日本武士，在「異國」大放異彩。

除了文字的表現之外，圖像方面也同樣鮮明。與《國性爺合戰》同時出現的日本浮世繪木版畫，例如：〈「國性爺」繪番附〉，以及 1716 年於京都万太夫布袋屋演出的《「國性爺」評判記》的插繪，還有次年在大阪嵐座演出的《國性爺評判記》的插繪等等。在這些圖畫中，「和藤內」的形

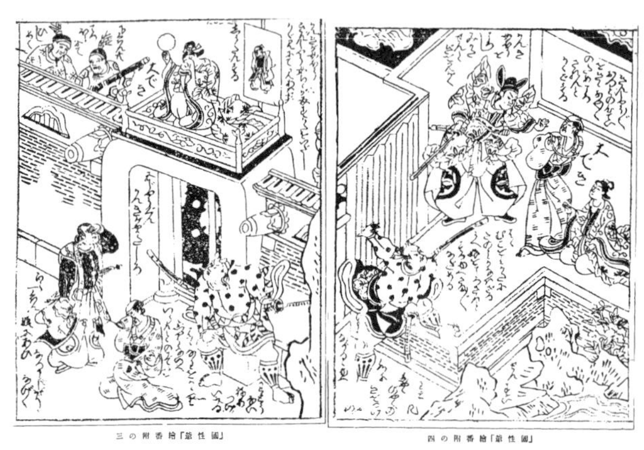

圖 8　〈「國性爺」繪番附之三〉(左)、圖 9　〈「國性爺」繪番附之四〉(右)　在德川幕府主政的鎖國時代，《國性爺合戰》等一系列的劇作、小說、繪本，盛極一時。「父親是唐人，母親是日本人」的「和藤內」，知名度大大提高。(圖畫出處：近松門左衛門著，水谷弓彥（水谷不倒）校訂註釋《新釋插圖　近松傑作全集㈢》)

象也是個穿著和服，時常以武士刀作兵器的日本武士。

顯而易見的，十八世紀時的日本式鄭成功「和藤內」，與中國式的形象可說是天差地遠。《國性爺合戰》等一系列的流行作品，使得鄭成功成為一個出身於「神國」的勇敢日本人，具有充份的「日本性」(Japaneseness)，而只帶有十分微弱的漢人色彩。對於日本人來說，鄭成功是日本人，而不是中國人。

《國性爺合戰》的劇情，也將中國的實際情況，為了戲劇張力而作了許多修正。當然作為娛樂的流行文化，不管是戲劇、小說、圖畫等等，原本也不必嚴格地遵照史實，因此，也更可以顯現出作者（以及觀眾）的意識。

從劇作中的結局來看，作者反轉了明朝最後抗清失敗的事實，而將結局改為：鄭成功驅逐了韃虜，恢復了明朝。此外，在歷史上投降了清朝的吳三桂、鄭芝龍，也在劇中成為協助鄭成功的兩位忠臣。這樣的劇情安排，很可能是反映了近松本人強烈的民族意識與道德觀念。同時，作者又極力推崇「國性爺」本身的美德：榮譽、忠誠、獻身君主的精神。這些意識，後來都成為日本民族主義的內在成份。

從劇作中，還有所謂「日本型華夷意識」的抬頭。

從明朝轉變為清朝的鼎革過程中，漢人接受了文化更低的滿人所統治，由「華」變成了「夷」，因此使得原本就

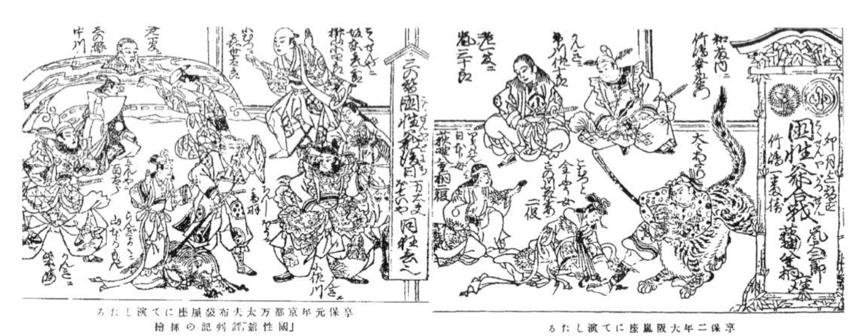

圖 10、11　1716 年於京都万太夫布袋屋演出的《「國性爺」評判記》的插繪（左）與 1717 年在大阪嵐座演出的《國性爺評判記》的插繪（右）　《國性爺合戰》等作品所展現的世界，是廣大的日本、中國，主角是日中混血兒英雄人物鄭成功，其他人物則是忠臣、奸雄、美女、烈婦，情節充斥了豪壯絢爛、血湧肉躍、豐富的異國情調。在繁榮卻封閉的年代，嚴格階級制度之下的民眾，以及被壓抑的商人階層，都能從中得到情緒上的宣洩。（圖畫出處：近松門左衛門著，水谷弓彥（水谷不倒）校訂註釋《新釋插圖　近松傑作全集㈢》）

對中國的「冊封」系統保持遠距離的日本，產生了自立之心，改變對於中國的態度，並且更進一步，把自己視為世界的中心：自己是「華」，而其他國家則是「夷」（包括滿清統治的中國在內）。這就是「日本型華夷意識」。

《國性爺合戰》中，透過鄭成功的形象展現出的「神國」觀，以及日本武士在中國大放異彩的故事，很明確地讓人感受到這一種意識。

另外也有日本學者認為，從江戶時代就流行的一系列

「國性爺」戲劇，也加強了日本人認為「臺灣是不同於清朝之獨立領域」的觀念。

總之，從十八世紀開始，鄭成功在日本的庶民文化中，是以日本武士般的形象出現在大眾面前，具有相當的知名度，並與不斷成形中的「神國」思想、「日本型華夷意識」互相共鳴。

江戶史書中的母親

在江戶時期，除了庶民文化之外，在官方與文人的歷史書籍中，在鄭成功的家鄉所豎立的紀念碑上，鄭成功的日本性也同樣顯而易見。

在這裡，我們可以發現一種新的修辭方式：從鄭成功日本母親的壯烈行為，賦予其日本式的精神，並且直接、間接地強調，母親對於他畢生志業的影響。而日本母親對他的影響，也就是日本對他的影響。

川口長孺於 1828 年（日本文政十一年，清道光八年）完成的《臺灣鄭氏紀事》，就有這樣的說法。這部史書是在水戶藩的支持下所編修的，而內容方面，則詳細地描述了鄭成功的日本母親在清軍圍城時，不屈自盡的場景：

她嘆息著說：「遙在異域，事既至此，今惜一死，何

> 面目復見人耶?」於是登上城樓，投水自盡。
> 清兵驚詫地吐舌頭說:「婦女尚能如此，倭人之勇可想而知。」

並且，在《臺灣鄭氏紀事》的書末，由青山延于所寫的〈青山跋〉，更是從讚揚鄭成功的母親出發，進而推崇鄭成功堅貞卓絕的日本「天性」:

> 當清兵攻陷泉州，軍民皆潰，唯有鄭成功母親不屈而死。以一名孱弱的婦人，能抗拒醜虜，不辱其節，真是個貞烈的婦人啊!
> 當時明室既亡，文明冠帶之國，變為左衽蠻族之地，士大夫改節易操者，滔滔皆是;而鄭成功僅以一彈丸之地，能抗滿清百萬之兵，竭力明室，始終不渝，忠貞之心，堅如金石，可不謂之忠臣哉!……義氣凜凜，足以動天下……
> 鄭成功母子雖其忠烈出於天性，亦非我神州風氣之所使然歟?然則鄭氏之有成功，不翅(按:啻)明國之光，亦我神州之華也!

鄭成功在明末危局中，表現出堅持忠義的精神，就像日本母親在清兵圍城時不屈而死的精神一樣，鄭成功的作為，來自於日本母親的教導，以及日本的風氣使然；從投降清朝的中國父親那裡，不可能學到這些。

對於鄭成功之母自殺事件的凸顯與讚揚，除了官方史書之外，在其他日本民間著作中也可看見，如齊籐拙堂（齊籐德藏）1850 年（日本嘉永三年，清道光三十年）刊行的《海外異傳》就是這麼說：

> 北方的清軍來到，大肆淫掠，成功母亦被淫，因而嘆息：何面目再去見人呢？因而登上城樓，投河自盡。
>
> 清兵驚訝地吐舌說：婦人尚能如此，倭人的勇敢果決，果然如傳聞一樣。
>
> 鄭成功得知母親的不幸消息後，非常痛恨，剖開母親的肚子，取出腸臟，清洗乾淨後，再重新置入體內，加以安葬。

這段「成功母亦被淫」、「成功大恨，用彝法剖其母腹」的記載，其實是採取更早的黃宗羲《賜姓始末》的說法。黃宗羲的說法，也是對於當時情況的各種說法之一，當然未必正確，但齊籐拙堂採用此說，仍然要自己加上一句：「婦人尚能爾，倭人勇決，不負所聞」，極力推崇日本人的「勇決」。

此後，日本人的相關著作當中，仍不斷出現類似的說法。

水戶藩豎立了鄭成功之碑

日本嘉永年間（1848 年起），地方諸侯水戶藩，命令朝川鼎（朝川善庵）撰寫的《鄭將軍成功傳》，以及命令葉山高行（葉山鎧軒）修纂的《鄭延平慶誕芳蹤》碑（正式名稱為《肥前國平戶島千里濱鄭氏遺跡碑記並銘》），在碑文中，鄭成功強烈的日本式形象，與通俗戲劇相比，也毫不遜色。

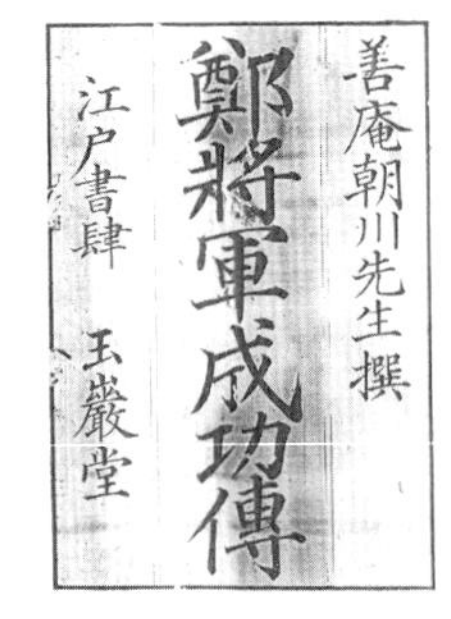
善庵朝川先生撰
鄭將軍成功傳
江戶書肆　玉巖堂

圖 12　1850 年朝川鼎（朝川善庵）的《鄭將軍成功傳》，或稱為《鄭將軍成功傳碑》

朝川鼎《鄭將軍成功傳》的一開頭就是：

> 我們大東日本之人，以武勇勝於萬國，世所知也。以匹夫馳勇名於西洋，耀武威於天下者，譬如濱田彌兵衛兄弟於臺灣，山田仁左衛門於暹羅。然而此二人勇則勇矣，義不如也；若要勇與義兼而有之，只有我們的鄭將軍成功。

這可以說是史上第一次，把「吾鄭將軍成功」以日本人的身份，放在日本海外揚威的系譜之中，而且更超過濱田彌兵衛、山田仁左衛門等人，因為鄭成功更能兼備「勇」與「義」。

而《鄭將軍成功傳》的結尾又再度強調，明朝末年的動亂環境中，許多漢人的世臣名家，都不知羞愧地屈膝投降了，但鄭成功卻還能獨據孤島，存故國衣冠於海外，奉其正朔，以恢復為任，雖不能勝利，然而還是將明朝正統保持了三十八年；最後，作者下了結論說：

> 如此事業功績，難道不能說是義嗎？難道不能說是勇嗎？……鄭成功有勇有義，不愧其為日本人！

開頭的「吾鄭將軍成功」，到最後結語時則確認為「武勇勝於萬國，世所知也」、「有勇有義」的日本人。

到了 1852 年（日本嘉永五年），葉山高行《鄭延平慶誕芳蹤》碑正式完成，豎立於鄭成功家鄉的海邊，直至今日。

在這部目前尚存的碑文中，鄭成功母親在圍城中自殺，讓清兵瞠目結舌的事跡（川口長孺《臺灣鄭氏紀事》），不但有收錄於碑文之中，此外還強調：

> 鄭成功本人正氣耿耿，與天地共存，而且母親也很貞烈，鄭成功不愧出身於東方日出之地。或許他的精神，是在胚胎之內就受了教育，這是何等的奇蹟啊。

如此這般，將鄭成功的精神，歸之於日本母親的「胎教」，所以在碑文的最後，水戶藩主親手篆額的「浩然正氣，孕此神州」等評價，就顯得十分自然了。

總而言之，從戲劇、繪畫、史書、碑文當中可知，從江戶時代中後期開始，鄭成功普遍地被日本人視為本國人，最起碼也是半個日本人。他的忠義精神與蓋世武勇，是出自幼年所受的日本教育薰陶，或者受到日本母親貞烈行為的強烈感召。

再者，中國明清之際的變局，迫使中國從禮義之邦變成了韃虜夷狄之國，因此，具有忠義美德的英雄鄭成功，在當時日本人的眼中，顯然更不像是傳統上值得欽佩的「唐人」了。

於是，「神國精神的感育」，「日本母親之血緣與胎教」，以及「中國／中國父親的沉淪」這三個因素，共同形成了江戶時期日本人心目中的鄭成功形象。

到了十九世紀後半的明治維新，日本式的鄭成功形象，成為帝國對外擴張時的精神資產。

維新之後對外侵略

明治維新之後，日本人對於鄭成功的關注，開始出現了另一種解釋。他們在追求富強、對外擴張的過程中，不只向西爭取朝鮮半島、亞洲大陸的霸權，而且將目光朝南，看到了臺灣，同時也看到了鄭成功據臺的歷史事跡。

1873 年（明治六年），滿川成種纂述的《臺灣紀聞》之中，略述了日本人在臺灣的歷史。首先，是漢人顏思齊在明末時自稱「日本甲螺」，率領日本九州邊民，佔據臺灣的一角，接著是荷蘭人入據殖民，再來則是「日本人田川氏之子鄭成功」驅逐了荷蘭人，佔領臺灣，抵抗清朝。在這個脈絡之下，臺灣自古以來，就是日本人的活動範圍、傳統領域了。

到了 1874 年（明治七年），日本以 1871 年（明治四年）琉球海難者誤入臺灣恆春而被當地牡丹社原住民殺戮之事，出兵臺灣，這就是「牡丹社事件」（琉球事件）。根據《澎湖廳志》的記載，當日軍進攻臺灣恆春的排灣族之前，日本運兵船載運士兵三千人先到鳳山，「拜前朝鄭成功之廟而後進」。這是日本軍政當局第一次在臺灣祭拜鄭成功的記錄。

同年，身為劇作家兼新聞記者的染崎延房，編輯了《臺灣外記》(又名《國姓爺》) 一書出版。這是一部圖文並茂、字旁加註假名符號的通俗讀物。

作者在序言中說明，他害怕曾在日本家喻戶曉的鄭成功，其據臺抗清的忠烈故事會遭人遺忘，以致當日軍赴臺「懲處野蠻生蕃」之際，幾乎沒有人了解臺灣，因此，為了讓日本人認識鄭成功「偉大的日本魂」，乃撰寫其傳略。

書中內容則強調鄭成功生於日本，頗具日本精神，即使其父鄭芝龍降清，他依然忠貞勤王，進而驅荷取臺，作為反清復明的基地，值得後人效法。隱然有牡丹社事件出兵臺灣，是繼承鄭成功精神的含意。

此後，滿川成種、染崎延房的觀點繼續流行，到了 1875 年（明治八年）東條保的《臺灣事略》，也將明末清初顏思齊、鄭成功在臺灣的事跡，都當做是日本人在臺歷史的一部份。

在這個時期，也有以鄭成功為主角的小說。與通俗歷史讀物一樣，小說中的鄭成功也是個體現了神國道德的日本人，而且還承襲了由近松門左衛門《國性爺合戰》以來，鄭成功故事慣有的絢爛奔放、海外稱雄的異國情調。

1886 年（明治十九年）高崎修助的《鄭森偉傳・明清軍談》，就是個例子。

書前所附的圖畫，第一幅就是滿臉絡腮鬍、威武不凡、手捧日本刀的〈延平王國姓爺〉畫像。書中還有一幅〈國

圖 13　1886 年高崎修助《鄭森偉傳・明清軍談》的〈延平王國姓爺〉像（圖畫出處：高崎修助,《鄭森偉傳・明清軍談（國姓爺忠義傳）》, 東京市：文泉堂：文敬堂, 1886）

姓爺掩擊陷南洋島〉的插圖，畫中的鄭成功軍隊手拿大斧，腰配兩把武士刀。從這些圖畫中所見到的鄭成功，不折不扣是個日本勇將。

在文字內容方面，鄭成功的形象當然也與插圖相同，是個使用日本武士刀的猛將：

> ……撩開戰袍，兩手提著三尺多長的日本刀，以獅子般的雷霆氣勢迎戰……他從未見過國姓爺如此又快又熟練地使用日本刀，如雕猛撲而下，嚇得他拉馬北逃。國姓爺伸出猿臂，如破竹般一刀砍下他的頭……。

圖 14　《鄭森偉傳・明清軍談》中的〈國姓爺掩擊陷南洋島〉(圖畫出處：高崎修助，《鄭森偉傳・明清軍談（國姓爺忠義傳）》)

明朝的大義名份，也可以與日本式的威武結合起來：

> 國姓爺……向對方大喊：「你這島中的胡奴，不知道我是受封於明朝永曆的延平王國姓爺嗎？我今天是為國來討伐你，快快來我的日本刀下受死吧！」……國姓爺……一刀切下他的兩重盔甲……便死於國姓爺勇武的日本利刀之下。

或者強調出身於高度道德性的日本神國：

> 雖說日本是海國，但開創神王國已經綿延了三千餘

> 年的正統，其間沒有篡逆之臣，大家都堅守信義……。

> ……國姓爺說：我出生於日本的土地，對邦裡人的想法知道一些；雖是小國，但國王一直代代連綿相承，武勇冠於萬國，見義輕命，有凌強助弱的國風。

鄭成功佔領臺灣之後，還為了紀念他在日本出生，而把臺灣叫做「東寧」：

> 國姓爺召集諸將說：我已經失去思明州，無法隨時收復福、泉州。把這個島稱為「東寧」，是因為自己在大海東邊的日本出生，所以這是「寧靜的海東」的意思……。

另外，作者也不忘描述鄭成功以日本的步戰之法進行操練與戰鬥、向日本請援、打造數千把「日本真刀」、偽裝日本兵介入戰爭以壯大聲勢、鄭家三代（鄭芝龍、鄭成功、錦舍／鄭經）都是擅使日本刀的高手……等情節。這些情節，有的還能找到相似的史料記載，有的則完全出自於想像。

值得注意的是，作者在忙碌的戰爭場景之中，還加上一段很早以前就存在於《國性爺合戰》中的「國姓爺擊殺老虎」的場景，更顯示了作者師法近松的痕跡。

而到了 1894 年（明治二十七年），甲午戰爭爆發這一年，學者足立栗園撰寫了《臺灣志》。作者開門見山地提出，希望日本能夠趁著戰爭的機會奪取臺灣，以便執掌東亞貿易之霸權，為此而將臺灣介紹給國人認識。

書中介紹臺灣的歷史，明末清初的海盜與鄭氏時代多達七十二頁，佔全部篇幅將近三分之二，而長達兩百年以上的清屬時代，則僅三十二頁，大大加重了鄭成功的部份。

而提及鄭成功時，也重現了從「日本母親」到「日本精神」的陳腔濫調：

> 成功的父親是明朝人，母親是我邦人，但父親貪欲無謀，不似其子之清廉忠節，因此鄭成功的精神必須從母親的性格中才能找到……
>
> ……田川氏一個女流……具有這種氣概，而鄭成功也相同……當時的明國人，利之所趨，如同蟻附，當此無節無操之際，特別能顯現忠烈的義士，這就是我邦所謂大和魂傳承給鄭成功的影響，在外國更能煥發出大和魂的精粹。

一再強調「鄭成功是日本人，不是明國人／中國人」，到了此時，已經變成一種醜化對手的論調了。這可以讓日本人以鄭成功自居，蔑視那個道德低下、國勢衰弱的中國，進而去侵略它。

這些作品中的日本式鄭成功形象，與當年日本海外擴張、奪取臺灣的熱潮，竟是如此融洽。

殖民政府的宣傳樣版

「延平郡王祠」變「開山神社」

日本帝國主義對於臺灣的圖謀，終於在 1895 年（明治二十八年）如願以償。

1894 年（清光緒二十年，日本明治二十七年）清朝與日本爆發甲午戰爭，清軍戰敗，於 1895 年 4 月 17 日在日本下關春帆樓簽訂〈馬關條約〉，根據條約第二款第二、三項，將臺灣全島及所有附屬各島嶼、澎湖列島永遠割讓與日本。

然而，殖民佔領並不順利，各地武裝抗日事件不斷。日軍在 5 月 29 日登陸澳底，但到 10 月底，才進攻至臺南府，而日軍已經折損了一名皇族出身的軍事將領：近衛師團長北白川宮能久親王。

就在烽火連天的此時，「鄭成功形象」對於殖民佔領的價值，並沒有被日本當局所忽略。

當日軍開進臺南府不久，南進軍司令官親謁延平郡王祠致祭，並發布中文在前、日文在後的雙語訓令，全文如下：

欽命

南進軍司令官　陸軍中將子爵高島　示

本祠實係明忠臣鄭成功並其母田川氏廟、田川氏者素日本人、為明人鄭芝龍之婦、生成功於肥前州平戶、成功幼時既有素養、母子之忠烈義勇、無一不出日本國風之餘、丹心之所照、清國亦以王者之禮祭之矣、今也臺灣及附屬諸島悉歸

大日本帝國之版圖、全島土民深思教化之所由、其能表敬、毋敢或冒瀆。

（按：這裡是內容相同的日文）

明治二十八年十一月一日

南進軍司令部

這一次日軍對於鄭成功的祭拜，令人想起十一年前（1874 年）牡丹社事件日軍出兵臺灣時，在鳳山的鄭成功廟，也同樣有過致祭的舉動。

兩次進軍臺灣都祭拜鄭成功，固然是由於日本人原本對鄭成功的崇敬，但是從 1895 年 11 月 1 日南進軍所發布的雙語訓令中文在前的告示方式來看，使用中文的臺灣人，才是訓令的主要對象，可說是一種明顯的「統戰」手段。

而就訓令內容來看，其中具有「日本國風」的鄭成功形象，可以說是日本式鄭成功形象的「官方精華版」。

另外，此一訓令還硬梆梆地要求「全島土民」，必須「深思教化」。可見鄭成功形象於殖民統治上的運用，已經是直截了當了。

到了殖民臺灣的第二年 1896 年（明治二十九年），臺南縣知事磯貝靜藏向臺灣總督桂太郎建議，把原本的「延平郡王祠」賦予一社號，逕改為日本神社。就像當年沈葆楨向清朝光緒皇帝上奏摺一樣，磯貝靜藏也寫了洋洋灑灑的理由向上呈報，有趣的是，磯貝靜藏的建言也與沈葆楨類似，都毫不遮掩他們的教化意圖。

磯貝靜藏建議，總督府應考察臺灣寺廟之起源、教化之由來，特別是臺南一帶，他發現臺南絕無其他廟宇如鄭成功廟，不但對臺灣本地頗有貢獻，「對內撫綏番族，開墾不毛，對外賑恤傷亡將士」，而且鄭成功廟是「忠烈之日本婦人」所生之臺灣開化元勳，與日本本國關係密切，更應予以更改社號為「開臺神社」，如此，將有助於臺灣的「治化」。

若依照磯貝靜藏的提議，是將延平郡王祠改立為「國幣社」，也就是日本神道中與「皇家神社」同樣列屬於「官社」的國家神社，由中央政府支持；然而臺灣總督府雖然採納了設置神社的建議，卻認為鄭成功開拓臺灣，僅是開關邊疆的功績，不能算是有功於整體國家，因此將「國幣社」的規格，降為僅由地方政府支持的「縣社」之後，才上報日本中央。

1897 年（明治三十年）1 月，延平郡王祠正式改為「縣社開山神社」，成為日本統治臺灣後所設置的第一座神社，也是日本殖民五十年期間，臺灣當地信仰的廟宇成為神社的唯一例子。

此後，日本人當中也出現明確的提議，要利用臺灣民眾對於鄭成功的崇祀，以及鄭成功的日本血統。

一署名「龍門」的作者，於 1898 年（明治三十一年）在臺創刊的《高山國》雜誌中，發表了〈鄭成功祭祀與治臺策〉，直接主張利用鄭成功的祭祀活動，來對付「最難治」的臺灣民眾。

依照這篇文章的看法，日本統治臺灣最大的困難，就在於普通民眾「隱然與土匪勾結，生蠻串通，表面假裝良民」，而這些民眾若能感服日本當局的威信，則「土匪」（漢人反抗份子）與「生蠻」（原住民反抗份子）猖獗的問題，就能解決；但要如何「感化」普通民眾，使之心甘情願配合日本政府？

作者提出，可以利用與日本有因緣，而且能「感化」普通民眾最深的「唯一無二之物」，也就是鄭成功；因為鄭成功不但是「臺民所尊崇之忠臣，東洋史上放大光彩之絕代偉人」，成為臺民宗教崇拜的對象，更重要的，他是日本女子所生，因此，「臺灣因鄭成功而為日本血肉之地」，「使臺民腦髓乃感染日本之觀念」，使臺灣民眾了解，臺灣的祖國，「非是支那」，而是日本；有了這種了解之後，臺灣割讓給日本，臺灣民眾才能夠「不特毫無遺憾，當要歡喜為至當焉」。

不論臺灣民眾是否覺得「毫無遺憾」或十分「歡喜」，在 1907 年（明治四十年），開山神社就開始準備改建，而且把日本式建築的比例逐漸加重。

依據日人編輯之《縣社開山神社沿革誌》中的說法，1907 年 11 月民間發起重修開山神社，經臺南廳長的許可，由多位日本人與臺灣人共同向總督府提出募捐申請，獲得同意；1908 年（明治四十一年）7 月，由臺南廳長擔任建築委員長，庶務課長為副委員長，另由臺南民間人士擔任建築、庶務、會計、募集等委員，對全島進行募款後進行重建，並於 1915 年（大正四年）完工。

完工之後的開山神社，神殿（前殿）、後殿、東西廡、祭器庫、儀仗所……等處經過整修，另新建拜殿、社務所、水手舍、神職人員宿舍、日式鳥居、步道敷石及社號匾額，修復了東西轅門，照牆、三川門移位，並新購私人土地。在景觀方面，前殿與後殿維持著原有的風格，而拜殿、社務所等新建築則富有日本風味。

整體而言，這次改建使開山神社變為漢式、和式風格混合的建築。

到了 1939 年（昭和十四年），原開山神社社境之內，又開始建築新的純日式神社，於 1941 年（昭和十六年）完工；而且因為新建這座純日式神社的緣故，漢式建築的東、西轅門被拆除了。日式建築進一步增加，而漢式建築則正好相反。

開山神社在建築上的變化，是一步一步慢慢改變的，由純漢人式的延平郡王祠，修建為漢式、和式混和風格，最後又在神社土地上，加蓋純日式神社。

與建築風格的變化相同，日本殖民當局對於開山神社的管理人員，也逐漸由臺灣人改換為日本人，雖仍保留臺灣人的參與，但是逐漸改為以日本人作主導。

延平郡王祠被改為開山神社之後，原本的漢人僧侶鄭福田因已任職二十餘年，廣受信任，所以被續任為神社的「神官」，但是鄭福田不到一年就辭職回故鄉福建；此後，神官便由日本人充任。開山神社並常設董事會處理社務，從信徒中選出日本人、臺灣人各數名擔任，協助神社的維持、保存及辦理祭典。

在祭典方面，開山神社每年舉辦祭典有三十八次之多，規模分為大祭、中祭、小祭三種，皆以陽曆計算，而非臺灣民間使用的陰曆；其中，大祭有三次，分別是 2 月 15 日的「例祭」，2 月 18 日的「祈年祭」，與 9 月 23 日的「新嘗祭」，文武官員必須參加。1913 年（大正二年）日本皇太子（日後的昭和天皇）到臺灣「巡啟」，於 4 月 20 日也到開山神社祭拜。

由上述可見，日本當局對於開山神社的祭祀活動、管理與建築，的確花費了許多心血，試圖使臺灣民眾，在進入逐漸日本化的開山神社中祭拜的時候，能夠慢慢接受鄭成功的「日本性」，並進而接受日本對臺的殖民統治。

日本政府改置「縣社開山神社」，與清廷設置「延平郡王祠」、賜給鄭成功謚號「忠節」的作法，是個很有趣的對照。

在清廷的立場，設置延平郡王祠，將鄭成功追謚為「忠節」，事實上是承認了鄭成功在閩臺地方上既有的聲望評價，也接受他「延平郡王」的明朝官位，並且強調他的「忠君節義」，卻迴避他的「反清復明」。同時，又以清朝本身的正統地位，對他加以貶抑，只給予次一級的謚號。

日本政府方面，則因新納臺灣為殖民地，而將重點擺在「開拓」臺灣疆土。所以，把延平郡王祠改為「開山」神社，類似臺灣漢人原始的稱呼「開山廟」，但仍因為日本本身的中心觀點，僅把鄭成功放在次一級的邊疆開拓者的地位。

清朝與日本這兩個統治臺灣的政府，在形塑鄭成功形象時各有其「忠節」、「開山」的側重點，也相同地堅持本身的正統或中心地位，而把鄭成功擺在各自認為合適的地位。

「臺灣開創鄭成功」立下了「帝國殊勳」?

除了殖民當局所支持的祭祀活動之外，對於鄭成功的「殖民主義式」解讀，還常能在文字資料中見到。

1895 年 11 月，臺灣總督樺山資紀向日本大本營報告「全臺平定」時，臺灣民軍與日軍之間，才剛結束了幾場激烈的鏖鬥。

丸山正彥的《臺灣開創鄭成功》，就在此時出版了。帶著帝國順利擴張的狂熱，以及對於新殖民地的關注，作者期盼，鄭成功特殊的血緣與生平事業，能夠降低臺灣民眾對於新統治者的反感。

首先，這部傳記依照傳統，把鄭成功視為日本的海外揚威者：

> 我大東日本之人，武勇勝於萬國，世所知也。匹夫以勇名馳勝於海外，單身以武威光耀於天下者，如濱田兄弟於臺灣，山田長政於暹羅……然而身為本邦人，為故國至死猶然抱著凜冽孤忠，在鄰邦顯揚我勇武精神，唯有鄭將軍此人而已。

接著，作者讚揚他「屢挫滿清精銳」，「奉明朝正朔保存故國衣冠」，「義勇兼備」。

然後話鋒突轉，開始批評臺灣依照條約割讓之後，還有臺灣人反抗日本的統治：

> 本國已在條約中同意將臺灣割讓之後，尚有盜賊之輩，眷戀土地而興無名之師，東施效顰，學習田橫五百壯士的事跡，其實是顛倒了大義名份……鄭成功將軍當年懷著深入骨髓的遺恨、到死都未能忘卻的清朝，因為敗於我日本的仁義之師……使將軍臨終之地的臺灣，回歸於他誕生之國大日本帝國的版圖。匪徒鎮壓平定之期漸漸接近了。將軍的靈魂也在天國快樂地飛翔著……

作者也因為鄭成功的緣故，對於臺灣民眾有這種看法：

> 今天臺灣土人（按：指臺灣本島的漢人），慣於戰爭，富於勇義，大異於北方支那人，也許是鄭氏兵民子孫之故。臺灣脫離鄭氏之敵清朝的羈絆，成為大日本的版圖，有著深深的緣由……

這些文字，與數十年前朝川鼎的《鄭將軍成功傳》，有許多相通之處，都同樣地強調鄭成功擁有日本式的「義」、「勇」。十九世紀末的丸山則更進一步，以感性而跳躍的方式，把鄭成功的日本義勇精神、臺灣脫離他至死反抗的清朝，以及「臨終之地臺灣回歸他誕生之國日本」……等等歷史因緣串接起來，盡力地為殖民臺灣鼓掌叫好。

自從《臺灣開創鄭成功》以後，「鄭成功」與「日本理應領有臺灣」的關連，越來越被強調。最顯著的例子，莫過於臺灣經世新報社出版的稻垣其外（稻垣孫兵衛）於1935 年（昭和十年）《東洋》的「始政四十週年臺灣特輯號」上刊登的〈帝國的臺灣領有與鄭成功的殊勳〉一文：

> 大國支那，每當有事於歐洲各國，必至割地求和……臺灣之所以未被染指，實因其終究應當歸屬於我國的宿命……鄭成功一生的使命——奪取臺灣，不能不說是為了帝國立下了偉大的功勳，值得讚揚追憶。

《東洋》是日本在臺官員所成立的「東洋協會」之機關刊物，代表了某種官方立場。依照他們的推論，鄭成功擊敗荷蘭取得臺灣，使臺灣不受歐洲人佔領，就像日本據臺，使臺灣未受歐洲國家佔領一樣，這是臺灣的「宿命」，也是鄭成功的「帝國殊勳」。

這種「日本帝國擴張，是抵抗西方帝國主義」的邏輯，到今天為止，依然是日本歷史教科書問題中的重大爭議。而早在七十年前，鄭成功就已經牽涉其中了。

除此之外，鄭成功的形象，也被運用於帝國南進政策的宣傳。

1942 年 (昭和十七年)，東京的「皇國青年教育協會」出版了《南海雄風群像》，在日本本國與臺灣等地發行。書中照例介紹日本人在南洋一帶的「雄飛」事跡，例如濱田彌兵衛、鄭成功等等，也描寫鄭成功「被當作一個日本男子來養育」，是「日本之子」。最後，再把鄭成功的形象確定為日本帝國「南方共榮圈」的先驅：

> 只有他是原田孫七郎、山田長政死後，德川鎖國政策以來能代之而為日本人大和魂，讓海國武名馳名世界的唯一之人……英雄混血兒在東亞出現，夢想著南方共榮圈、作一個大王國的建設，豈不快哉。

總之，鄭成功在十七世紀的思想行事，都被重新調整裁接，鑲嵌於十九、二十世紀日本的殖民擴張政策當中，被賦予了殖民臺灣、抗衡西方列強，以及進佔南洋等歷史意涵。

圖 15　延平郡王鄭成功（左）、圖 16　北白川宮能久親王（右）

在殖民時期，並不是所有日本人繪製的鄭成功像都被刻意日本化，例如 1900 年（明治三十三年）關口隆正《臺灣歷史歌》的鄭成功像，外貌衣冠還是中國明代文官的裝束打扮（左圖）。然而，《臺灣歷史歌》前僅放置了兩個人物的圖像，一個是鄭成功，另一個則是「故近衛師團長陸軍大將大勳位功三級能久親王」（1895 年佔領臺灣時戰死的日本親王、佔領軍指揮官，右圖），這似乎表明，兩人在日本殖民臺灣的脈絡下，具有同等的歷史地位。

臺灣「愛國婦人會」的戲劇

在日本殖民時期，官方色彩的婦女組織「愛國婦人會」，也曾以鄭成功家族的事跡為題材，針對在臺的日籍與臺籍婦女，推出獨特的戲劇宣傳活動。

推出鄭成功戲劇的愛國婦人會，原本於 1901 年（明治三十四年）創立於東京，幹部與會員皆為皇族、華族等上層階層的夫人，並得到政府的支持，各地方政府首長的夫人也逐漸加入，並擔任各地支部的支部長。日本殖民臺灣初期，支部組織發展到臺灣，1905 年（明治三十八年）把臺中、臺南、臺北三支部合併，統設「臺灣支部」於臺灣總督府民政局內，由局長後藤新平擔任顧問，其妻後藤和子任支部長。這樣的婦女團體，可以說是具備官方團體的性質。

愛國婦人會的臺灣支部，於 1913 年（大正二年）10 月的紀念活動中，上演了鹿島櫻巷的《國姓爺後日物語》，並將劇本連同鷹取岳陽所寫的背景補充資料：《臺灣紅淚史》一起出版。

當時，全臺灣的愛國婦人會員，有日本人 6,907 人，臺灣人 6,138 人，再加上官方的支持，想必有許多人都觀賞過這部戲劇吧。

《國姓爺後日物語》敘述鄭成功攻臺前後的故事。其中的鄭成功，有一段自我定位的告白：

> 日本英雄豐臣秀吉，征服三韓後就自稱為王，胸懷在海外設置日本屬國的雄圖，我也要學習其故智，不久若能恢復大明，就從臺灣引退，遠征南洋各國，向海外擴展大明國的領土……

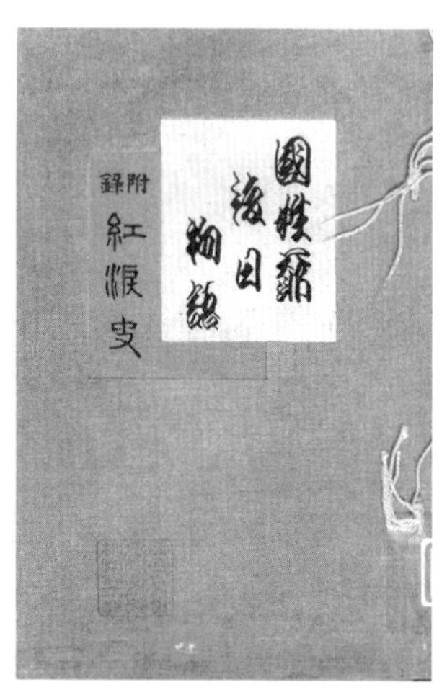

圖 17　1913 年《國姓爺後日物語》封面

圖 18　《國姓爺後日物語》書中插繪

在這裡，我們看到了另一種系譜。以前日本「海外雄飛」的英雄好漢，分別是濱田彌兵衛兄弟、山田仁左衛門（山田長政），或者加上自稱「日本甲螺」的顏思齊甚至鄭芝龍，最後則是鄭成功本人。

而在《國姓爺後日物語》中，似乎將鄭成功「升級」，與統一日本、侵略韓國的豐臣秀吉並列。

在劇本之後所附的《臺灣紅淚史》中，不但補充了劇本中的歷史背景，也鋪陳出劇本中還未說明的含意：

> 鄭成功的同父異母兄弟們，他們認為他是從日本人

> 的腹中生出來的，福松（按：鄭成功日本乳名）頗受他們的困窘。
>
> 七歲來到安平時，他的異母兄弟們常常困擾他的事情，從舊記載裡的敘述來看，他可說是受到痛苦的虐待，只有叔父鄭鴻逵從開始就對鄭成功很同情，不會以一般社會的輕蔑口吻「什麼？這個混血兒！」來對待他……

這裡所說的「從舊記載裡的敘述來看」，鄭成功的幼年時期似乎因為血統的關係而受過委屈，的確是有史料可以印證。例如許多中國史書如江日昇《臺灣外紀》、黃宗羲《賜姓始末》、鄭亦鄒《鄭成功傳》，或者日本史書川口長孺的《臺灣鄭氏紀事》與《臺灣割據志》等資料中，對於鄭成功的幼年都有「為季父芝豹所窘」、「諸季父兄弟輩數窘之」、「獨叔父鄭鴻逵甚器重焉」等記載。鄭成功幼年時受「窘」，很有可能是因為他的母親是日本人的緣故，不過，也可能是因為其為鄭芝龍當年浪蕩海外時所娶的妻子，被人認為出身不佳。

不論如何，鄭成功的幼年情況，在史料中只有簡要的記述，但已經足夠讓後人想像與猜測了。在宣傳性的戲劇中，更是用以發揮的基礎。就像在《臺灣紅淚史》中，作者就進一步地推論：

> 支那人把自己的國家稱為中華，是文明的中心，他國人被視為夷狄禽獸……鄭成功從小懷有倜儻大志，有俊秀穎脫的美名，但人們私下還是會指指點點說他是東夷混血兒……他讓天下豪傑以君臣之禮對待他，可說相當地不容易。

此外，在愛國婦人會的戲劇活動中，十分強調鄭成功母親的角色，比起其他的鄭成功故事，在比重上增加了許多。《臺灣紅淚史》第六章〈百萬援兵是一名女子〉，內容是鄭氏在明朝危亡之際，向日本請求援助，結果所謂的百萬援兵，其實只有一名女子——鄭成功的母親來到中國：

> 母田川氏……告訴他古來日本武士的忠勇美談，鼓舞鄭成功的英氣。私下暗自祝禱他的前途。

> ……清軍急圍安平城時，眾人倉皇地收拾子女家財，試圖用大船運走，棄城而逃，但是此時田川氏無論別人如何規勸都不肯上船逃走……雖是女人，田川氏凜冽不可奪的氣概也不輸於武士。她根本不知道明國人的風俗，此時應該倉皇安然而逃，而一直認

為應如日本武士在城牆上戰死為止。

對照之前的故事，不管是中國或日本的史書或傳奇故事中，都沒有把鄭成功的母親提高到這個程度。

作者這樣安排的原因，也很明顯：

> 田川氏此舉，達到了轟烈而死的目的……對鄭氏子孫實在是個偉大的教訓，鄭成功為之而激勵，鄭經也因此受到他的鼓舞。此所以能割據臺灣維持東南半壁江山，奉明正朔二十餘年之久，田川氏的餘烈，鬚眉男子也瞠乎其後……

把鄭氏三代據臺的事業與奉明正朔的忠心上溯至田川氏，延伸到日本武士精神，這正是愛國婦人會宣傳的主旨。

在這個主旨之下，即使突然冒出了一堆奇怪的說教，也就毫不奇怪了：

> 本島人與內地人此時都能居住在臺灣，沐浴在現時昇平的恩澤中，因此，歲時都該義不容辭地去祭拜她（按：田川氏）不是嗎？

除了田川氏以外，鄭成功的夫人董氏，也為了日本武士的妻子應有的態度，出面加以解說：

> 鄭成功母親田川氏壯烈犧牲的光榮，使她（按：鄭成功的夫人董氏）覺悟到自己的丈夫將來也可能如此。
>
> 既生為武士之妻，就不能不有這種想法，她常常這樣砥礪自己。國姓爺之所以能成就曠古的偉大事業，不能不說是賢內助董氏給予的助力。

針對愛國婦人會的組成份子：臺、日官員的夫人，這種鼓勵真是再適合也不過了。

最後，作者作出了總結，由中國當時（1913 年，民初軍閥干政混戰），對照到日本殖民地臺灣的「安定」：

> 作為鄭成功祖國的日本，現已領有臺灣十多年，統治臺灣的事業一直在發展著，鄭成功及母親田川氏在天之靈不應只感到滿足而已……而支那四百餘州如明末般自我混戰擾攘……鄭成功在天之靈，以及母親田川氏以下董國太夫人、陳夫人、寧靖王與五妃的靈魂，見了種種情形也會破顏而笑吧。

愛國婦人會的戲劇宣傳，可以說是將鄭成功、日本母親、日本精神三者緊密結合的最佳範例。尤其是強調「母親」的作用，在之前與之後的宣傳中，不論是江戶時期的《國性爺合戰》，或者是殖民初期的《臺灣開創鄭成功》，殖民晚期 1942 年（昭和十七年）皇國青年教育協會的《南海雄風群像》、1943 年（昭和十八年）臺灣總督府的《臺灣青年讀本》、1945 年（昭和二十年）種村保三郎的《臺灣小史：行向黎明的蓬萊》……等等，都沒有超出這個範圍。

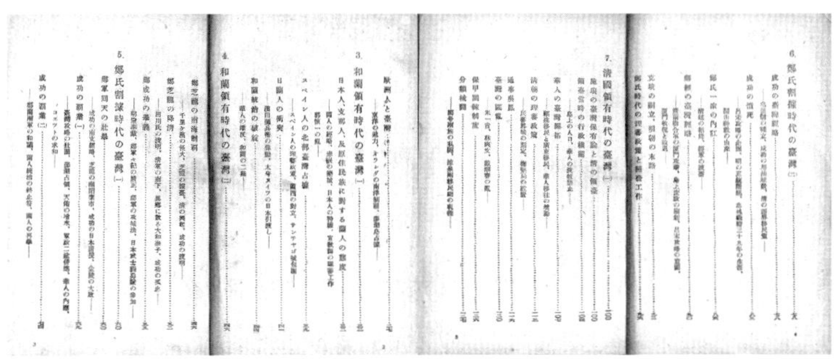

6. 鄭氏割據時代の臺灣（二）
成功の燕歸經略
成功の慨死
鄭氏一族の內訌
鄭經の臺灣經營
克塽の嗣立、明朝の末路
鄭氏時代の理蕃政策と開拓工作

7. 清國領有時代の臺灣（一）
施琅の臺灣保有論と清の領臺
領臺當時の行政機關
華人の臺灣開拓
清朝の理蕃政策
通事兵亂
臺灣の匪亂
保甲團練制度
分類械鬪

歐洲人と臺灣

3. 和蘭領有時代の臺灣（一）
日本人、支那人、及原住民族に對する蘭人の態度
スペイン人の北部臺灣占據
日蘭人の衝突
和蘭統治の破綻

4. 和蘭領有時代の臺灣（二）
鄭芝龍の南海制霸
鄭芝龍の降清
鄭成功の舉義

5. 鄭氏割據時代の臺灣（一）
鄭軍回天の壯舉
成功の覇業（一）
成功の覇業（二）

圖 19　1945 年（日本投降那一年）於臺北市出版的《臺灣小史：行向黎明的蓬萊》書影　1985 年（民國七十四年）成文出版社曾出版過原書影印本，1991 年（民國八十年）武陵出版社出版過中文譯本。書中第一次提到鄭成功時，毫不例外地強調「母親是日本女性田川氏，而在日本的土地上出生」；寫到田川氏與一支鄭軍被圍困在泉州城時，田川氏也是以「我是日本女性」、「身為日本女性應負的重大使命」的緣故，整理儀容自刃而死。而作者介紹鄭成功的戰術時，更強調：「這種攻城戰術全然是日本獨特的戰術」，「成功前後兩次向日本求援，沒有得到想要的幫助，因而有日本武士志願義勇隊支援參加他的軍隊亦未可知」。

在教科書裡

除了官方支持的祭祀、半官式組織的戲劇活動，及各種通俗出版品之外，學校教材也是重要的傳播工具。它的對象雖然限定於某年齡層的學生，然而，它的效果或許更加深刻也說不定。

就像 1939 年的《臺南市讀本》，在〈序〉與〈對小公學校的大家說話〉之中，明白指出：學習歷史與地理，是為了培養對母國日本的愛國心，因為不知道日本的歷史和地理，愛國心就無從產生；同樣地，若不了解臺南，也就不會愛臺南。

即使是生活在二十一世紀的我們，聽了這套說詞，也有似曾相識的感覺吧?

這裡所說的「學習歷史與地理」以培養愛國、愛鄉心，即使在現代國家中，也是很常見的手段。差別只在於，殖民者在殖民地所推廣的教育內容，是為了培養被殖民者對於殖民母國的認同；而現代國家，則是為了培養本國國民對於自己國家的認同罷了。

《臺南市讀本》在第十八課，收錄了〈鄭成功〉的課文。編纂者顯然認為，鄭成功的事跡有助於培養學生對於日本的愛國心，以及對於臺南的愛鄉意識。

課文從鄭成功的故鄉肥前平戶開始，直至他的一生，與死後的評價：

肥前平户的浪潮向西而去　山翠水青
遠方的白紗搖曳的青松　千里濱上濤聲高

平户侯賜與房屋　藩士田川嫁與女兒
老一官鄭芝龍　在日本居住三十年

寬永元年七月半　千里濱的松風
應和著的是　鄭福松呱呱墜地的聲音

福松受父親的召喚而去　平户只留下母親與弟弟
獨自踏上旅途時　只有七歲而已啊

依著父親居住在支那　仰望著東方的天空
但願母親仍健康地生活　眷戀著日本的天空

追隨父親的成功　謁見了隆武帝
那年二十二歲　被賜與成功的名與國姓

然而成功自己　不敢被稱為國姓

所以一直自稱鄭成功　世人還是稱他為國姓爺

後來父親離開明朝　降了清朝　可是成功
不放棄復興明朝　一再進行忠義之戰

不論時運如何不濟　正義之戰如何不利
暫時將希望寄託於臺灣島　圖謀恢復明朝
百餘艘船艦上有二萬餘軍隊　渡海而來

澎湖島首先攻陷　臺南、安平再佔領
降伏荷蘭人　時年皇紀二千三百二十一年
後西天皇之御代

鄭成功稱呼臺灣　叫做東都
荷蘭人所築的城改稱為承天府
整備港灣　開闢全島土地
暫時休養他的氣勢

然而領有的第二年　成功的雄圖成空
年紀輕輕三十九歲　男人最鼎盛的時期
與這片土地上的露水一同消失　被奉祀在開山王廟

此後，明治期間　改為開山神社
社前的樹木茂盛枝葉翠綠　啊，真是美麗
與成功的功績共在一起　神宮飄來梅花的芬芳

在上述簡短的課文中，就運用了大自然的美景、令人依戀的日本家鄉、鄭成功佔領臺灣、令人惋惜的未竟事業……等許多種素材，轉化為對於國家、民族的情感。

浪漫式的腔調，與跳躍式的銜接，向來是鼓吹民族主義、激發國家認同的常用方式。把硬梆梆的國家、民族的政治認同，沉浸於柔軟的玫瑰花池中，加以軟化、自然化，染成溫情脈脈的顏色，讓人更容易從情感的角度來接受。

就像長江、黃河、青海的草原、喜馬拉雅山……用於塑造中國認同，或者濁水溪、玉山、美麗之島福爾摩沙……可用於塑造臺灣的認同一樣，是斧鑿痕跡最少的方式之一。

而在日本殖民統治時期，〈鄭成功〉的課文，則是試圖使日本對臺的統治，顯得更自然一些。在這個過程中，鄭成功的日本性也再次被印證、被強化。

此外，臺灣總督府針對臺籍的公學校學生，還編印了《公學校唱歌》，其中的〈鄭成功之頌〉，大力讚嘆鄭成功的忠勇、他不滅的勳業，以及傳奇的生平。

在歌詞的最末，同樣也採用歷史與自然景觀的跳接，將認同日本的宣傳性質，化為文學意境的讚頌：（中文歌詞由秦就譯自日文，收錄於秦就《臺灣之父鄭成功》，頁 374–375。）

誰言志業終難遂，
明治聖代光輝中，
君之偉業得彰顯，
開山神社月色清。

歌詞的含意看來也很明確。鄭成功的未完成事業，由明治天皇時代的日本來完成，還建立了開山神社來紀念鄭氏，歷史的偉業就如同神社前清明的月光。

〈鄭成功之頌〉的創作與發行年代並未註明，然而就文字上的宣傳效果、「自然化」的意圖而言，看來也毫不遜色。

除了極少數的例外，日本人從各種不同的傳播管道，不同的媒材，還有不同的敘述口吻所表現出的鄭成功形象，都屬於「日本殖民主義式」的形象。這種形象不只是要給日本人看的，而且也是給臺灣人看的，並希望臺灣人也認同。

然而，這種努力有沒有達到預期的效果？臺灣民眾到底有沒有接受日本式的鄭成功形象？

殖民社會下的漢人英雄與神祇

在日本的殖民統治之下，臺灣漢人心目中的鄭成功，是否受到了日本宣傳的影響？當時臺灣漢人心目中的鄭成功是什麼樣子？與日本宣傳的形象相比較的話，是否有本質上的差異？

要了解臺灣漢人心目中的鄭成功，可以從兩方面來看：第一，當時在臺灣流行的鄭成功傳說故事；第二，鄭成功廟的祭祀活動。這兩個方面所顯露的鄭成功形象，可以代表當時臺灣漢人基層民眾的想法。

漢人的鄭成功神話傳說

鄭成功的傳說故事，原本雖只是口耳相傳，但在鄭氏勢力衰落後不久，就已在史書之中出現，例如清初的《臺灣外紀》；而到了日本殖民時期，在臺灣漢人之間仍流傳著許多鄭成功的傳說，也被載入史冊，成為文字記載。

在中文方面，有李獻璋編輯，於 1936 年（昭和十一年）刊行的《臺灣民間文學集》，其中收集了不少臺灣民間的鄭成功故事。

另外還有日文編纂的資料，例如，臺灣慣習研究會的《臺灣慣習記事》、片岡巖《臺灣風俗誌》、東方孝義《臺灣習俗》、伊能嘉矩（1867～1925 年）《臺灣文化志》、曾景來的《臺灣宗教與迷信陋習》……等等，有的是日本官方為了調查臺灣風俗民情而作的調查成果，有的是學者官員自行研究出版的。

這兩類資料，有不同的研究旨趣或出發點。例如，李獻璋受了臺灣「新文學運動」的影響，是以臺灣人保存臺灣民間故事的立場，來收集民間歌謠與傳說；而日文作品，則多是站在外來者或「科學客觀」的立場，調查臺灣的「舊慣」，以便制訂統治政策，或是矯正風俗。但不管是中文還是日文資料，其中的鄭成功故事仍是大同小異的。

這個時期臺灣漢人當中的鄭成功傳說，就像清代臺灣與閩南的鄭氏故事一樣，都有把鄭成功「神格化」的傾向。作為神明的鄭成功，不論是生前還是死後，都可以造福民眾，在各地顯現神跡，擁有各種法寶，具備降服敵人或妖怪的超能力……等等。

殖民時期的鄭成功地名傳說

雖然鄭成功在臺灣僅僅一年左右就過世了，足跡也限於臺南地區附近，但傳說中的鄭成功，卻行遍臺灣各地，因而形成許多「地名傳說」：

【草鞋堆成小尖山】之中，國姓爺軍隊的士兵經過日以繼夜的行軍，每個人的草鞋上都沾滿了驟雨過後土地上的爛泥，於是，大家把鞋上黏住的泥土刮下丟掉，但是因為泥土太多，轉眼之間就在廣闊的平野裡，堆出了個小小的山尖來了。因此當地就稱為「尖山」。

【放巨砲打死兩個妖精】的故事，是鄭成功士兵離開「尖山」之後，遇上了會吐出殺人黑霧的「鸚哥石」和「鳶山」，怒髮衝冠的國姓爺走到旁邊的小橋上，放了兩砲把黑霧轟散，還把鸚哥石和鳶山打得一傷一死，再也不會作怪。當地住民對於國姓爺的功績十分感謝，因此把他發砲時所站的小橋，命名為「太平橋」。

【大浪砯河怒發投寶劍】當中，國姓爺的軍隊驅除了鸚哥石的毒霧後，繼續向北進軍，到了今天臺北圓山附近的大浪砯河一帶，國姓爺這回遇上了在河中耀武揚威的魚精，怒氣沖天的國姓爺，將寶劍投入河中而降服了魚精，後來國姓爺投劍之處就被大家稱為「劍潭」；據說每當陰曆十五的夜晚，劍潭會發出奇光，就是那把國姓爺的寶劍浮出水面，這時若有誤駛過劍上的船隻，「便會像剖瓜般的被斷做兩節」。

【坐馬上鎮靜龜山】過了劍潭的國姓爺，翻越三貂嶺，進攻現在的宜蘭一帶(噶瑪蘭),到達一望無際的太平洋濱,又有巨大的黑色龜精帶著兩個白色的龜卵，吐著霧，逼近國姓爺的軍隊，因此國姓爺以槍射擊，炸死了龜精。被炸死的巨大龜精浮在海面上，背上甲殼被炸出一個洞，也不再吐霧,經年日久之後,成為一座山島,大家稱為「龜山」,被炸出的洞形成清澈的小湖，慢慢地有了居民移住。

【國姓井】苗栗三堡大甲街外的鐵砧山，山嶺上有一口國姓井，旁邊有立〈國姓井記〉碑，相傳鄭成功駐兵於此，被困乏水，因而以劍插地，泉水竟滾滾而出，味道甘美可口,後來在此地挖井,稱為國姓井。每年清明節之前,有群鷹從鳳山飛來此地「聚哭」,一齊發出類似哀哭的鳴叫聲，一直到牠們疲累為止，有人說，這是因兵災而死的鬼魂聚集才形成的哭聲；附近山麓有田螺，斷尾之後仍能存活，有人說是當年鄭成功屯駐時，丟棄螺殼所造成的，後來，還傳說五月初五日喝國姓井水，可以袪除瘴氣，因而很多人到此地來汲水。

以上這些傳說，都是因為鄭成功對當地的貢獻，因而產生地名的傳說。其中有部份的情節，在清代時期就流傳過了，例如【鄭女墓】的傳說。

清朝文人劉家謀（1814～1853 年）的〈海音詩〉序題中記載，位於鳳邑瑯璚山腳（今臺灣恆春一帶）的鄭女墓俗稱小姐墓，是鄭成功葬女之處，每逢清明節烏山內飛出白雁數百群，直到墓前悲鳴不已，傳說是鄭成功女兒的魂魄所化。日本殖民時期來臺研究的學者伊能嘉矩推測，鄭成功的部隊以前在琅璚開屯時，當地成為埋葬鄭氏部將宗族的墳場，或許因此才出現鄭女墓的傳說，而這個傳說似乎與臺灣中部國姓井群鷹聚哭的傳說，是同一個系列。

因此，日本殖民時期的鄭成功地名傳說中，起碼有一部份與清代臺灣流傳下來的鄭成功傳說有關，兩者之間有傳承的關係。

鯨魚化身傳說

除了地名傳說之外，日本時期的臺灣，也有其他種類的流行傳說，如「鯨魚化身」這一類故事。

在李獻璋《臺灣民間文學集》中，就描述鄭成功攻臺灣的前兆：

> 荷蘭王揆一與酋長們巡視海面，遠遠望見一個人，穿著紅衣騎著長鯨，從鹿耳門游漾著，紆迴地繞過赤崁城而沒。王和酋長正驚疑是夢，忽聽見鹿耳門外，炮聲震天，急忙拿千里鏡望過去，卻見無數的兵船，旌旗飄蕩地紆迴而進，這使荷蘭王吃驚起來了。他對眾人說：

「此處港路，從來泥沙塞淺，舟船不能進，今日唐船為什麼能夠無礙地直衝過來?」(夜潮，〈鄭成功取三寶〉)

日人片岡巖也收集到類似的「鯨魚化身」傳說。

在【鄭氏與鯨】的傳說中說，鄭成功還沒來臺灣以前，臺灣有一個和尚做了一個夢，說有一個「冠帶的偉人騎了大鯨魚進入鹿耳門」；後來鄭成功攻取臺灣之後生病，這個和尚又做了一個夢，說有一個大官「騎著鯨魚從鯤鯓之東入大海」，不久之後，鄭成功果然因病而死。

另一個民間故事【鄭成功母親的奇夢】，則說：鄭成功母親晚上睡覺時，夢見海中一條大魚，突然游進懷中，就此懷了身孕，才生下鄭成功。

由此看來，在殖民時期的臺灣民間傳說之中，鄭成功若不是能化身為長鯨，就是具有駕馭長鯨的奇異能力。

然而追根究底，這種說法在清朝時期就已經存在。保留民間傳說最多的清初著作《臺灣外紀》，全書貫穿著「鄭成功是鯨魚化身」這個主題：

在他誕生之前，平戶海邊就盛傳有一尾巨大威猛的怪魚翻騰鼓舞，而鄭成功母親分娩昏迷時，又夢見這大魚直衝入懷，鄭成功就誕生了。(卷一)

鄭成功攻打臺灣時，揆一與眾酋長望見一人戴著絲絹頭巾，身著紅衣，騎著長鯨從鹿耳門游漾迂迴，繞過赤崁城後消失不見，接著鄭軍船艦就輕鬆繞過了荷蘭人砲臺的防守範圍，毫無損傷地直接攻入原本泥沙淺淤無法行船的地方。（卷五）

有人問黃蘗寺的隱元禪師說，鄭成功是何種星宿投胎？禪師回答說，是東海長鯨；再問：何時得滅？禪師就說：「歸東即逝」。東海長鯨歸入大海，就是鄭成功死時，後來果然如同禪師的說法。（卷九）

可見在日本殖民時期，臺灣民間的鄭成功「鯨魚化身」傳說，也是從清朝時期遺留下來的。

法寶傳說

日本殖民時期的鄭成功傳說中，既有神明、精怪化身的說法，同時也有擁有神賜的禮物、駕馭奇異的寶物等「法寶故事」，例如之前提到的在「劍潭」投寶劍入水殺魚精，在「國姓井」以寶劍插地得甘泉。

另外，【鄭成功取三寶】中說，鄭成功尋寶時受到原住民的抵抗，十分苦惱，但是一位仙翁賜他玉皇大帝的「五毒七煞旗」，助他平定臺灣，入山取寶，同時告誡鄭成功不可濫用，多殺生靈。

日本殖民時期類似的故事還有很多。例如由仙翁所贈的「玉帶」，陸上行軍，可以從小泉水引出大泉水，海上行船，可以將鹽水變淡水，不幸遇上狂風暴雨，也可以運用神力，變為風平浪靜；「粟倉」，是佛祖同情鄭成功恢復明朝的悲願，讓全師剛好吃飽的寶物；「龍熕」，則是兩座浮游在海上的大銅砲，是鄭成功從海上打撈上來的，具有預知戰事輸贏的能力……等等。

以上這些寶物，並不是日本的鄭成功故事中「天照大神的神符」之類，而是漢人神話中常見的要素，例如龍、玉、佛祖、寶劍、五毒七煞……等等。而「龍熕」傳說，更是在清康熙年間阮旻錫《海上見聞錄》、郁永河《偽鄭逸事》中就有了記載。

總之，這些故事都帶著濃厚的漢人色彩。鄭成功形象總是以漢人傳統的武器（寶劍）、神賜之物（令旗，玉帶，粟倉，龍熕），作為鄭成功的隨身寶物，而不是日本武士刀，或者日本神宮的神符；而許多傳說，則是清代時期已經有的，後來只是再度詮釋或直接搬用，並未受到日本式的鄭成功故事影響。

民間祭祀活動中的鄭成功

日本殖民統治期間，遍及全臺的鄭成功廟宇及祭祀活動，同樣也顯示出漢人特色的鄭成功形象，與民間傳說一樣，很少受到日本的影響，即使歷經日本統治初期的開山神社設置、晚期的皇民化運動與「寺廟改正」風潮，漢人式的鄭成功形象依然維持原貌。

在臺灣最早的鄭成功廟的調查是在 1919 年（大正八年）。根據丸井圭治郎著，臺灣總督府編的《臺灣宗教調查報告書》的記載，當時臺灣以「開臺聖王」鄭成功為主神的民間廟宇共有 48 座：臺北 2 座，宜蘭 16 座，新竹 4 座，臺中 8 座，南投 3 座，嘉義 9 座，臺南 2 座，阿猴（即屏東）2 座，花蓮港 2 座，分布上是南、中、北、東都有，可算是全島性信仰；而在全臺灣的民間信仰中，主祀鄭成功的廟宇，以 1.38% 排名第 17。

十六年之後，增田福太郎於 1934 年（昭和九年）《臺灣的宗教》中所做的統計，鄭成功廟的總數並未增加，仍為 48 座：臺北州 19 座（基隆郡 2，宜蘭郡 6，羅東郡 6，蘇澳郡 5），新竹州 4 座（竹南郡 1，苗栗郡 3），臺中州 12 座（大甲郡 4，豐原郡 1，員林郡 1，北斗郡 2，新高郡 1，竹山郡 2，東勢郡 1），臺南州 8 座（臺南市 1，嘉義市 1，新化郡 1，新營郡 1，嘉義郡 2，東石郡 2），高雄州 2 座（屏東郡 1，潮州郡 1），花蓮港廳 3 座，分布僅有微幅變動，大致仍保持原狀。

同樣是 1934 年時，另有曾景來《臺灣宗教與迷信陋習》與鈴木清一郎《臺灣舊慣・冠婚葬祭與年中儀式》，則指全臺鄭成功廟為 43 座（臺北州 17 座，新竹州 4 座，臺中州 12 座，臺南州 5 座，高雄州 2 座，花蓮港廳 3 座），也是北、中、南、東都有分布。

不論是 48 座或 43 座，都顯示出東北部與中部的鄭成功廟數量較多，似乎與我們的印象不符，因為臺灣的開發從南部展開，作為「開臺聖王」的鄭成功信仰似乎也應該以南部為大本營才對。但是不論民間信仰的流傳過程之中發生了什麼，可以肯定的是，從 1910 年代、1930 年代這兩次的調查來看，鄭成功信仰已經遍及全臺。

先從祭祀鄭成功時所使用的神像來看。即使經過殖民政策的特意灌輸、整理，臺灣民間的鄭成功塑像與畫像，在殖民時期並沒有改變。

當時崇祀鄭成功的圖像，至今仍有保存。例如在戰後臺灣學者黃典權編著的《鄭成功復臺三百年史畫》中的複製圖「延平郡王神像」，是從清代延平郡王祠所塑的原像。這座神像雖經清代、日本時期幾度整修，仍維持明朝式的衣冠，而且有漢人神像常見的五綹長鬚。依照該書的說法，一直到日本戰敗之後，日本籍的開山神社神官，「以王靈不庇扶桑」，認為鄭成功沒有庇佑日本，「故毀之」。

以這個說法來看，一直到日本戰敗之前，臺灣民眾走進大門口有日式「鳥居」的「開山神社」，仍然祭祀明代衣冠的鄭成功，鄭成功的民間形象並未受到日本殖民者的影響。

而另一位學者連景初則記載了另一個關於「開山神社」鄭成功神像的說法：原本延平郡王祠中神像，是在光緒年間建專祠時，由福州匠人塑造泥像，到了日本統治時代仍保留，但太平洋戰爭（1941～1945 年）爆發後，日本人的「在鄉軍人會」進入鄭祠（開山神社）辦公，後來因為「日人神社不重神像，加以其時日軍戰事，節節敗北，窮兵黷武者，頓覺前途渺茫，憂鬱之餘，乃毀損延平郡王神像」。而日本戰敗之後，「日人懼受責難」，才由臺南市一塑像名師蔡心「將原泥像加以修繕塑裝」。

不過，最近還出現另一尊鄭成功神像。2005 年（民國九十四年）臺南市政府舉辦的「鄭成功文化節」，曾發表新聞稿說明：戰後初期 1946 年，由臺南塑像名師蔡心所造的延平郡王像，高六尺餘（約二十公尺），置於延平郡王祠正殿，但是當時另外仍有一座開臺聖王神像，後因故流落在外，最近才在市政府與民間神明會的安排下，於 2005 年 4 月 24 日迎至媽祖樓天后宮暫時供奉，將在 2006 年（民國九十五年）「擇定良辰吉日回鑾延平郡王祠」。

不論是哪一種說法，可以肯定的是，開山神社中的鄭成功塑像在日本統治時期，仍保留著漢式服飾；一般臺灣民間的鄭成功廟，也同樣不可能有日本服飾的鄭成功神像。

另外，漢人與日人祭祀鄭成功，還有誕辰日的差異。

臺灣民間鄭成功廟，以農曆正月十六日為誕辰。雖然鄭克塽等為鄭成功歸葬時所立之「鄭氏附葬祖父墓誌銘」記載，鄭成功的誕辰日為明熹宗天啟四年七月十四日（換算為陽曆是 1624 年 8 月 27 日），不過臺灣民間的鄭成功祭祀活動，從最早的「開山王廟」時代開始，習俗上就以陰曆的正月十六日為鄭成功的誕生日，因此誕辰紀念日的祭祀活動就在當天舉行。

到了日本的「開山神社」時代，1897 年日本人以陽曆 2 月 15 日（就是臺灣民間認為的陰曆正月十六日誕辰）為「例祭日」，由臺南廳長主祭，此後每一年都以陽曆 2 月 15 日作為「（大祭）例祭」，而每年 7 月 14 日則為「（中祭）御降生日祭」。日本官方以陽曆的方式來規劃開山神社的祭祀日期，與臺灣民間陰曆的方式不同，實際舉辦祭典活動的日期也不一樣。

而四十多所主祀鄭成功的臺灣民間私廟，舉辦自己的祭祀活動時，當然並沒有日本官方的支持或主祭，而保持自己的祭祀特色。

各地的鄭成功廟，還伴隨著許多傳說，類似民間的口傳文學。在日本殖民時期，這些鄭成功廟的祭祀活動、緣起傳說與靈驗案例，由總督府或各地方政府的《社寺廟宇調查》、《寺廟臺帳》、《寺廟調查書》……等等所記錄下來，可以確認是當時的行為與傳說，而不是戰後再衍生出來的說法。

當時鄭成功廟所流行的傳說，可以舉幾個例子。

有些傳說與媽祖、王爺、五府千歲、土地公等神祇崇祀的活動相同，強調神力的「靈驗」，並與建廟的起源有關；而這些靈驗的故事，經常與寺廟的香火鼎盛與否有密切關連，也是信徒們參與祭祀活動的重要原因之一。

例如，在羅東，拜鄭成功的「永福宮」創建於 1898 年，建廟起源據稱是二十年前有一孩童做木像玩耍，而有庄民向木像祈禱後竟十分靈驗，因而建廟供奉。

羅東另一「慶安宮」，創建於 1903 年（明治三十六年），建廟緣起是當地一位名叫劉植華的人，「因病向神（鄭成功）祈禱，病癒後為酬謝神恩」，而分香至當地來祀奉鄭成功的神位。

銅鑼庄（今苗栗縣銅鑼鄉）的「延平閣」，在 1915 年寺廟調查書中記載：1899 年（明治三十二年）8 月，當地山腹每夜發出光芒，全庄驚奇，而庄內有一婦人瀕死受神明指示：夜光發出的地點有神可賜藥，服用後即可痊癒。半信半疑的婦人，依照神明指示前往求藥後服用，果然痊癒，此後又有其他人也有同樣經歷，於是在山中建一小廟祭拜鄭成功。

另外，大肚庄（今臺中縣大肚鄉）「國聖廟」則是由一庄民自行由鄭氏家廟分香，雕刻神像於家中祭拜，後因傳出醫病方面的靈驗說法，於 1770 年（清乾隆三十五年）發起為神明會，並於 1827 年（清道光七年）建廟。

還有一些傳說，則是鄭成功神明庇佑地方民眾，避免自然災害。

例如，大甲街（今臺中縣大甲鎮）「鎮安宮」，依《寺廟臺帳》記載是 1835 年（清道光十五年）時，由大甲六塊厝部份居民合資興建，原因是大甲溪每年氾濫，田園流失，因此居民協議，請來「頗具淵源之鄭成功為主神，於六塊厝之西側建一茅葺土角小廟供奉」；但記載中說的「淵源」所指的是什麼？記錄中並未說明。

清水街（今臺中縣清水鎮）「永尊廟」的建廟傳說，則是指「鄭國聖」指揮軍隊攻打「生番」時，常以大砲轟擊當地山區，位居大甲溪上游的「生番」就遇到山洪，或死或逃，下游漢人村莊卻安然無恙，因此鄭成功被認為有控制洪水的能力，便被奉為神明以消除水患。

前面提到的大肚庄「國聖廟」，除了醫病靈驗之外，又另有一說：由於鄭成功是治水方面的守護神，因而分香到此，組成開山王會，後再建廟。

永靖庄（今彰化縣永靖鄉）「永尊宮」，則是因為經常發生火災，因而建鄭成功廟。

竹山庄（南投縣竹山鎮）「開臺聖王廟」，據說是居民苦於疾病、螟害，因此 1819 年（嘉慶二十四年）從沙東宮分靈而來，在防災方面相當靈驗。

另外，也有因鄭姓或自認祖先為鄭成功，因而設廟祭祀的傳說。

例如，莿桐庄（今雲林縣莿桐鄉）「德天宮」原本是鄭姓人家私奉，後因乩童十分靈驗，而成為當地信仰，因此建廟。溪州庄（今彰化縣溪州鄉）「鄭國姓廟」，其前身就是庄內鄭姓居民自我認同為鄭成功後代，因而發起所建。

東石庄（今嘉義縣東石鄉）「靈慈宮」，原以南鯤鯓代天府李府千歲為主神，後於 1880 年（光緒六年）重修時，從延平郡王祠請來開臺聖王，並改為主神，據稱此事應與鄭姓居民在當地的勢力提升有關。

日本時期的記錄，也有粵籍移民建鄭成功廟的傳說。

例如清水街（今臺中縣清水鎮）「鎮安宮」，約於清康熙末年（1720 年左右）興建，祀奉鄭成功以防止水患。依日人《寺廟臺帳》記載的當地傳說，鄭成功驅逐荷蘭，討伐「匪徒、蕃族」，後招徠福建、廣東居民移往此地開墾，使民眾安居樂業，因此視鄭成功為開闢本島的始祖元勳，將他當做神靈來祭拜。

以上這些鄭成功廟的傳說故事，有的強調他／祂的靈驗，能夠防止災害、救治疾病；有的則是因為他在歷史上打敗許多敵人，是漢人開闢臺灣的始祖，因而被奉為神靈；也有因為鄭姓子孫認同他為祖先，而設廟奉祀。從中我們可以看到漢人傳統上常見的民間信仰模式，看到血緣、宗族力量，影響了或促進了鄭成功信仰，也可以看到，他作為開拓臺灣的始祖，是受到當時幾個族群的漢人所認同的。

然而不管是從哪一角度，這些都與日本人所注重的鄭成功形象完全不同。

廟宇的鄭成功傳說，與之前我們所討論的臺灣民間傳說、口傳文學中的形象，是互相呼應的。鄭成功不論是作為英雄、開拓者，還是地方保護者、神明的形象，也都是配戴著漢人衣冠，使用漢人兵器，而不是日本式的。

不過，我們可以進一步追問，這些鄭成功廟的傳說故事，都是殖民時期由日本學者或官員所記錄的；這樣的記載，是否能保證不會有增刪或遺漏呢?

日本戰敗撤離臺灣之後，一些民間廟宇出現了「這座廟原本是拜某某神，但是為了避免日本人要拆，所以換成開臺聖王做為主神，日本人就不拆廟」的說法。這些說法，只在戰後臺灣的田野調查中才能找到，殖民時期的日本人，自然不可能會留下這種記載。

如果這種說法是正確的，那麼，日本方面對於臺灣民間信仰的管制、施壓，說不定反而意外地使「日本人眼中的日本人，漢人眼中的漢人神明」，有了更大的香火地盤。

不過，日本殖民當局對於鄭成功信仰的流傳，以至於整個臺灣的民間信仰，也並不是一貫地支持或默許。

日本殖民時期的宗教政策，可以區分為早期與後期。早期統治政策，對於「舊慣」調查而不禁止，在宗教方面也較為溫和，以籠絡為主，或者進一步地試圖加以利用。例如之前所提過的，將「延平郡王祠」改為「開山神社」的作法，因為從日本殖民當局的角度而言，正式承認臺灣民間祭祀鄭成功的活動是十分有利的，不但可以提倡鄭成功的「忠義大業」，還能從鄭成功母親的日本血統來強調鄭成功與日本的關係，強化殖民統治的正當性。

到殖民統治的後期，1936 年起總督府在臺灣推動「寺廟整理」運動（大約與「皇民化運動」同一時期），宣稱要達成「國民精神的振作與徹底的同化」、「迷信打破」、「陋習改善」、「生活改善」等目標，實際上則企圖以整理、裁併地方寺廟的過程，達到消滅臺灣固有宗教的目的，同時大力鼓勵神社參拜，試圖以日本宗教取而代之。臺灣民間的鄭成功祭祀活動，也被此一激烈政策波及。

當時在日本當局的推動之下，許多地方的「御用仕紳」起而配合，部份地區曾進行過「寺廟神升天」的行為；最激烈的做法，是將原本寺廟中的神像放火焚燬；較和緩一點的，則是先祭拜遭裁撤的諸神，請回天上去，再將理論上已經沒有「神力」的神像，送給學術單位如臺北帝國大學作為教材，當然也有部份民眾將神像移走之後，或是安置於較為安全的廟宇，或私藏於家繼續供奉，避避風頭。

激烈的寺廟整理一直進行到 1940 年(昭和十五年)底，新任總督才停止了這個政策。停止的原因，是為了不讓整個「南方圈」(日本帝國的南方殖民地或佔領地) 的統治，因宗教信仰問題而產生動搖，並安撫習於祭祀漢人神祇的臺灣農民，以確保戰爭時期臺灣的糧食生產。

雖然「寺廟整理」後來停止了，但是臺灣的寺廟、齋堂數量，卻已經減少了三分之一。在過程中，部份的鄭成功神像，與孔子、玉皇大帝、關帝……等神像，一起被焚燒「升天」。當時，除了神社大麻之外，不管鄭成功是日本神還是漢人神，都有被「整理」的危險。

然而，這一波針對民間信仰的整肅之風過後，特別是日本戰敗投降（1945 年 8 月 15 日）之後，殖民當局所推行的日本神道，在臺灣幾乎沒有留下任何信仰的痕跡，只有小部份的神社建築，被當做古蹟而保留下來，僅有歷史見證的意義。

即使在日本統治的最後幾年，漢人民間廟宇的鄭成功神像曾被燒過，開山神社的鄭成功神像曾被毀壞，但是，臺灣漢人還是以原本的熱情，繼續崇拜自己信仰的神祇。漢人對於鄭成功，仍然有自己的傳說故事，有自己的神明圖像，有自己的祭祀日期與活動……，總之，有漢人自己的鄭成功形象。

臺灣人的鄭成功形象，是從明鄭、清朝時期流傳下來，在臺灣的漢人社會中持續發展，因而是漢人自己所繼承與創造出來的形象。

維持漢人式的形象

殖民時期五十年之間，日本到底在臺灣留下了多少影響?

對於日本殖民政府而言，總是擔心臺灣人口中絕大多數的漢人，仍對於中國文化或漢人文化保持認同。即使到了「皇民化運動」的高峰期，這個擔心也一直存在。以吳濁流（1900～1976 年）在《臺灣連翹》中所說，許多臺灣人在表面上遵從日本政府的指示，實際上卻不吃那一套，放在學校裡的神社大麻、天照大神，臺灣本地人只是遵從政府命令設置，卻從不參拜。臺灣人畢竟不是「正港」的日本人。

但是以剛剛收回臺灣的中國中央政府而言，心中恐不免猜測：這些在殖民體制之下，作為被日本統治、教育了幾十年的國民，現在還是中國人嗎? 在文化上，在意識型態上，臺灣民眾認同中國多一些，還是認同日本多一些? 這種顧慮，可以說是 1947 年（民國三十六年）二二八事件的遠因或背景之一。

如果我們回到二二八事件之前，開列一份「臺灣人受日本影響與否與程度」的清單，必定可以列出許多項目來一一檢驗。如果以民間信仰來說，根深蒂固的民間傳說與本地宗教，仍然頑強地保留下來；也許是牽涉到「靈魂深處」的歷史意識，也許是因為民間習俗的慣性，又或者是對於日本殖民當局高壓作風的反彈……等等理由，殖民政府的同化、皇民化、現代化計畫，卻總是「化」不掉傳說與信仰。

就鄭成功的例子來說，在民間口傳文學、建廟起源傳說、神像造型、祭祀日期等方面，漢人式的鄭成功形象，很少受到日本人的影響；甚至，日本人對於鄭成功較為寬鬆、認同與利用的態度，有可能反過來被臺灣民眾所利用，以保存民間祭祀的寺廟，並且在這個過程中，使得鄭成功廟的數量更增加了一些。殖民當局（官方）與被殖民者（民間）之間的互動，雖然官方總是佔有優勢，然而確實有許多複雜細緻的情況，並不是官方所能夠完全掌控的。

從「延平郡王祠」到「開山神社」，從清廷到日本政府，都有運用、轉化鄭成功形象的政治企圖，他們想要把自己的詮釋，烙印在鄭成功的身上；民間雖然會受到官方態度的影響，但統治者也未必能完全如願。

對於歷史人物的評價，以及民間信仰的祭祀活動，經常是官方與民眾之間，兩者互相角力、互相影響的重要場域。

「關帝」和「媽祖」形象的轉變，也有類似的情況。

例如，美國印度籍學者杜贊奇 (Prasenjit Duara) 對於中國華北農村的研究中曾討論過，清朝政府曾試圖將關帝信仰，置於官方的控制之下，因此下令禁止其他非官方的解釋與傳說，並將關帝「儒家化」，然而，民間雖然也受到官方推崇之「儒家式關帝」所影響，不過仍把關帝當做求平安之神、財神，甚至秘密結社、黑社會的守護神等等。這顯示了關帝信仰的多元化，民間的關帝形象不與官方的教化明顯衝突，但也不完全相符。

美國學者華琛 (James Watson) 也研究過天后（媽祖）信仰的「標準化」(standardization) 問題——雖然他或許太過於強調官方的作用，認為官方所推動的標準化，能夠以文化來整合中國，而且又很少考慮到政府對於宗教信仰經常不是推動，而是限制；但他同時也指出了天后信仰的多元性：不同的社會集團都供奉天后，但對於天后的信仰，卻各自賦予不同的意義，國家對天后的敕封，象徵著秩序與文明，但這並不妨礙一般民眾對於天后寄予種種不同的期望。各階層的人，都企圖從神祇中找到最符合自己利益的部份。

日本殖民時期臺灣民間的鄭成功祭祀，同樣也有官民互相角力、爭相詮釋的情形，但特別的是，當時臺灣的「官方」同時又是異民族的殖民者。正因為如此，對於身為外來統治者的官方而言，控制（或「整理」）民間信仰，所遭遇的困難與複雜程度必然更高；對於臺灣民間來說，是否接受官方所宣揚的鄭成功形象，就不只是官民角力或改良民俗的討論而已，更與「是否認同殖民統治」的問題掛上了鉤。

不論如何，結果還是清楚的。臺灣民間的鄭成功形象之中，截至日本統治結束為止，完全找不到日本式的鄭成功故事中突出的要素，諸如：日本出身或天照大神的神國之血、來自母親的日本式教育、武士般的英勇與道德、日本伊勢神宮的神符與魔法……等等。

在臺灣漢人的傳說中，真正在民間口耳相傳，真正被民眾突出的重點，是鄭成功與臺灣各地的密切關連，他對於當地居民的貢獻，為地方消除妖精，防制天災，使百姓安居樂業，有些地方因此而命名。對於漢人來說，他是開闢臺灣的始祖，是從「土番」手中奪取生存資源的英雄。他還是魚神、長鯨的化身，誕生時出現許多類似神仙下凡、精怪現世的異象。因此，他擁有特出的能力，可以擊敗紅毛人，佔據臺灣，與清朝隔海對峙，還能與神祇交通，擁有許多天賜的寶物。

民間的傳說與神話，當然有很多與史料記載不相符合之處，不過可以肯定，漢人心目中的鄭成功形象，絕無日本色彩。

鄭成功的神像，一直到殖民末期都穿著漢人的服裝，而不是日本和服，當然更沒有配掛武士刀，或穿著木屐等日本式的形象。臺灣漢人對於鄭成功的奉祀，一部份寺廟連祭祀日期也與日本人不同，臺灣漢人依照陰曆，日本人依照陽曆，各自慶祝鄭成功的生辰紀念日；另一部份廟宇雖和日本人一樣採取陽曆的誕辰祭祀日期，但仍是民間自行舉辦祭祀活動，與開山神社不同。

雖然不如日本殖民當局擁有豐富的行政資源，但不管是樹蔭下或廟埕前講述的故事，或是化為「臺灣新文學運動」的文字，或者鄭成功的神像與祭祀活動本身，民眾還是依靠自己的傳播管道,保留了與殖民者截然不同的認識。

由此可知，鄭成功的漢人式形象，並不是等到戰後的中華民國政府來提倡，才恢復漢人原貌，在臺灣，他的形象原本就沒有受到日本式形象的「滲透」，而偏向於臺灣各地的鄉土色彩；他也不是二十世紀以來中國的「民族英雄」，而是閩臺漢人的英雄。

然而 1949 年之後，隔著臺灣海峽對峙的兩個政府，對於鄭成功又各自有了新的詮釋與定位。重塑鄭成功的歷史意義，以符合時代的演變與現實政治的需求，依然是一項不錯的投資。

中華民國／臺灣的民族英雄

二十世紀的後半，撤退來臺的「中華民國」，與中國大陸上成立的「中華人民共和國」展開長期的對峙，並且發展出各自的「中國民族主義」的詮釋。鄭成功的形象，也再度隨著新的政治局勢而改頭換面。

二二八事件時的鄭成功

在中華民國中央政府撤退來臺之前，鄭成功已經受到官方的提倡。1947 年二二八事件爆發後，3 月 8 日，國府軍隊在基隆登陸，開始鎮壓，至 3 月 20 日大勢底定之後，開始「清鄉」，持續深入民間清勦追查，全島各地陸續有多人被捕。在如此肅殺緊迫的時候，由中央政府派遣來臺處理二二八事件的官員，仍然不忘瞻仰鄭成功。

白崇禧 3 月 17 日代表國府來臺「宣慰」，並對事件「查明實際情形」，「權宜處理」，22 日由高雄到臺中，途經臺南，即前往延平郡王祠向鄭成功行禮，並撰寫對聯：「孤臣秉孤忠，浩氣磅礴留萬古。正人扶正義，莫教成敗論英雄。」

橫批「忠肝義膽」，題於祠前的石坊，並且在此一石坊上，鑲嵌了圓形石刻的青天白日徽。

在臺灣民眾與中央政府的關係最糟糕的時候，忙於穩定局勢的官方代表，特別抽出時間來強調鄭成功的「忠」，並且以代表黨／國的「青天白日徽」，烙印在延平郡王祠的大門口，顯然這不是一時興起的普通行程，而是要藉此宣揚忠於領袖、政府、國家的精神。

這是中華民國中央官員，參訪延平郡王祠的第一次記錄。

「開山神社」再變回「延平郡王祠」

當白崇禧到臺南祭拜鄭成功的時候，延平郡王祠已改頭換面一年多了。

在 1945 年日本戰敗之後，原本被日本當局改成開山神社的延平郡王祠，暫時保留，到 1946 年 1 月，臺南市政府與當地仕紳一起，將開山神社加以整修，並再度更名，回到清朝光緒年間「延平郡王祠」的名稱。

這一次的整修，帶有抹銷日本在臺遺留事物的意味。在臺南市政府所發布的重建「募捐緣啟」之中，只提到鄭成功的「開天闢地」、「忠義」、「殊勳」，清代建祠的意義，以及 1946 年重建的必要性，卻直接跳過日本時期崇祀鄭成功的事實。

可想而知，延平郡王祠做過清廷的官廟、日本的神社、「二二八事件」期間對臺宣揚效忠的秀場之後，仍繼續成為政治角力的舞臺。

1950 年（民國三十九年），中華民國中央政府撤退來臺不久，當時的總統蔣介石，於 8 月 27 日延平郡王祠秋祭時，題「振興中華」匾額，懸掛於正殿入口的上方。

1959 年（民國四十八年），經過歷史學界針對鄭成功登陸日期的論戰之後，臺南市文獻委員會改以 4 月 29 日為確定登陸日期，並作為延平郡王祠的春祭日期，典禮則由臺南市政府來主持，在此之前，春祭日期沿用日本時期的陽曆 4 月 30 日。

1961 年（民國五十年），正值鄭成功來臺三百週年，在延平郡王祠舉辦盛大紀念活動之前的籌備過程中，試圖將原本的「興臺」登陸紀念日更改稱呼，因而引發了官方與史學界熱烈討論：登陸紀念日應該是「開臺」，還是「復臺」？也就是說，鄭成功到底是開闢臺灣這個中國人（或者漢人）的新天地，還是收復原本屬於中國人的地方？

此一爭議，原本臺南市文獻委員會在前一年 1960 年（民國四十九年）時，認為「開臺」比較符合鄭成功當年的情況，但是，在臺灣省政府的最後一次籌備會中，因政治考量，必須強調中國對於臺灣的主權，又將「開臺」改為「復臺」；到了紀念活動之前不久的 1961 年 4 月 11 日，行政院決議自兩年後的 1963 年（民國五十二年）起，延平郡王祠每年的祭典，改為國家祭典，主持工作由臺南市政府與臺南市文獻委員會，變更為在臺北的內政部來主持，並由內政部長主祭，「以示隆重」。同時，也決定將延平郡王祠加以改建。因此，原本的閩南式建築，後來就變成了中國北方式的建築風格；這次改建的幅度比之前更大，後來也引起更多質疑：如此大幅改建，是否仍是「古蹟」？而且這種移植中國北方建築風格的作法，是否太過粗暴與抹煞歷史？或者，與鄭成功的閩南背景太不相稱？……等等。

不論如何，官方的極力宣揚，使鄭成功在臺灣的地位益形鞏固。從 1946 年起，官方主辦的臺灣省運動會，每一次的聖火傳遞，都以延平郡王祠做為起點，寓意深遠；不但具有鄭成功是臺灣的「開始」、「開天闢地」、「始祖」之類的意涵，而且，也是第一個在臺灣建立了政權組織的歷史人物。

更有趣的是，1975 年（民國六十四年）蔣介石總統過世後葬於慈湖，聖火傳遞的起點，就從延平郡王祠轉到了慈湖。這是國民黨的自我認同，以自己的政權，做為鄭成功政權的繼承者；聖火由鄭成功，傳遞到蔣介石的手中。

鄭成功的外貌

此外，鄭成功的長相，也是由政治力量來決定。

鄭成功真正的長相外貌，究竟如何？從他同時代或稍晚一、兩代的史料中，或者借助現代鑑識科技，都非常難以確定。即使到了 2004 年（民國九十三年）底，國立臺灣博物館要修復「鄭成功畫像」時，使用科學檢測、史料考證、中日臺三地的田野調查，也仍無法確定且無法斷言畫中的鄭成功容貌，是否為真實長相。因此，鄭成功的真實面貌，到目前為止都還沒有一致的定論。

然而，祭祀與崇拜仍然需要塑像，不能等到考古有了結果之後再來拜。

延平郡王祠的鄭成功「延平郡王像」，在戰後 1946 年重塑過一次，1964 年（民國五十三年）延平郡王祠大幅改建時，又請名雕塑家楊英風重塑一次。在重塑之前，學術界、藝文界也曾激烈爭論過鄭成功的真實樣貌，大家面對許多不同版本的鄭成功畫像，各有堅持，莫衷一是，最後竟然由政府裁決，來決定鄭成功的外型。

從此，嚴肅的國字臉，穿著明朝官服，端坐於椅子上的鄭成功，就是官方明訂的鄭成功樣貌，出現在延平郡王祠與課本當中。

圖 20　臺南市延平郡王祠裡的鄭成功像（左）、圖 21　鄭氏家廟裡的鄭成功像（中）、圖 22　赤崁樓現存鄭成功像（右）　在臺南市裡參觀幾處鄭成功相關歷史建築，可以發現各種不同的鄭成功相貌。圖 20 是現今臺南市延平郡王祠裡的鄭成功像，是「中華民國官方確定版」，圖 21 是目前鄭氏家廟裡鄭氏宗族所祭拜的塑像，圖 22 則是赤崁樓現存鄭成功像，三者相貌都不相同。延平郡王祠鄭成功像（左）是有鬚的國字臉，鄭氏家廟的鄭成功（中）則粉臉無鬚，而赤崁樓鄭成功塑像（右）的面相威嚴卻也無鬚。不過三者的衣冠，都是中國明朝官員的樣式。如果加上其他廟宇中的鄭成功神像，樣式就更多了。

國民革命的鄭成功 vs. 破壞中華文化的中共

官方對於鄭成功的認同與宣揚，還不止於此，還有更多的管道與場合。許多路名、地名、學校名稱，都以「成功」、「延平」、「國姓」、「國聖」命名，因此，我們有了成功嶺、成功大學、成功高中、成功路、延平路、國姓鄉、國聖街……等等名稱。

許多官員也毫不吝惜以最高貴優雅的文字，來讚揚鄭成功，並且聯繫到當下的政治需求。從總統、省主席，到將軍、司法行政部長……等等，無一例外，總是從「緬懷」鄭成功開始，一直談到「反攻復國」的使命。

此時的鄭成功，幾乎是沒有缺點的。大量的傳記，將他與中國歷史上其他的英雄相提並論，有的甚至認為鄭成功同時具有岳飛的忠心耿耿，文天祥的自我犧牲精神，以及諸葛亮壯志未酬身先死的處境，因而超過了他們，例如1961 年光復雜誌社出版的《民族英雄鄭成功》，就是這麼

圖 23　成功大學、圖 24　國姓橋　中華民國中央政府播遷來臺之後，臺灣各處許多路名、地名、學校名稱，都以「成功」、「延平」、「國姓」、「國聖」命名，例如「成功大學」、「國姓橋」等等。

主張的。

鄭成功也曾與孫中山並列。許多著作主張，鄭成功或者他的部屬創建了反清秘密會黨「天地會」，持續了兩個世紀的反清奮鬥之後，由國父孫中山，繼續利用反清秘密會黨的力量，來從事國民革命，最後成功；秘密會黨作為一條連接線，串起了鄭成功與孫中山。甚至有學者蕭一山於1950年主張，因此可以將中國國民革命的最早起源，上溯至臺灣，而鄭成功則成為「近代民族革命運動的開創者」，因此，「我們應該發揚他的民族思想，革命精神」。

這些說法，當時也許是很令人振奮的。然而若認真追究，所謂的「近代民族革命運動」或者「民族主義」這一類新興意識型態，在中國的形成是非常晚近的事，無論如何追溯，也只能到十九世紀末、二十世紀初為止。另一方面，至今為止，天地會的創始者究竟是誰，學術界也仍在爭論當中，而天地會本身的早期文獻，也找不到與鄭成功有直接的關聯，更何況，天地會由鄭成功或其部屬創建的說法，是到了二十世紀初期才開始出現，之前並無人提起；而從十八世紀開始，就已經發生了許多以天地會為名的反清叛亂，起事者中也無人明確提起過鄭成功的名號。

即便如此，鄭成功創建天地會，再聯繫到孫中山革命的說法，把閩南人做為「國民革命」的活水源頭，可以提高閩南人對於「國民革命」的認同，因而還是一種受到官

圖 25　臺南市孔廟大門
鄭成功死後四年，1665 年鄭氏部屬陳永華倡議興建孔廟，成為鄭氏在臺文治的主要功績之一，也象徵中國傳統的文化價值在臺灣推展、生根。後世評價鄭氏政權在臺的作為，都不會忽略孔廟興建的深遠意義。

方歡迎的說法，尤其是這時候的官方，其中央政府才從中國大陸來臺不久，而且從 1947 年「二二八」之後，與當地的閩南族群有著極大的嫌隙。

鄭成功做為傳統中華文化美德、中國國民革命的代表，對於當時的國民黨是很有意義的，因為他們認為，對岸的中國共產黨政權，是試圖以舶來品的「馬克斯主義」來破壞中華文化的邪惡政權。

蔣介石、鄭成功功績比一比

在這樣的背景之下，鄭成功的「民族精神」，就被拿來與蔣介石總統所提倡的民族精神加以並列。只不過，蔣介石總統似乎要更偉大一些。他們雖然都對抗外來侵略者，但是鄭成功是對抗滿清，滿族後來已經成為中華民族的一部份，而蔣介石所對抗的是「蘇聯帝國主義」的馬列思想，完全不是中華民族的東西，這是兩者相同之中的不同之處。

1954 年(民國四十三年)陳致平的《鄭延平郡王事蹟》，就以這個立場，來說明鄭成功「知其不可為而為之」的奮鬥精神，需要大家的學習，不過除了「秉著鄭成功的偉大精神」之外，還要「跟隨著　蔣總統的領導」，才能完成「時代的任務」，而絕不會如鄭氏政權一樣最後敗北。

鄭成功做為中華民族的英雄，這個國民黨執政數十年期間所確立下來的形象，除了官方祭祀系統、出版宣傳品的傳播之外，透過學校的教育系統與教科書，有了更強勁的傳播。直到 1980 年代末、1990 年代初，學校教育所讚揚的鄭成功形象，並沒有太大不同。

在 1992 年(民國八十一年)教育部編教科書改版之前，小學社會科課本第七冊 (四年級上學期用)，列舉「光復臺灣」的兩位「偉人」：鄭成功與蔣介石，並且進一步要「光復大陸，解救苦難中的同胞」。在官方宣傳中，前一位偉人是「民族英雄」，後一位偉人則是「民族救星」。

然而隨著政治情勢的轉變，1990 年代中期以後，「民族救星」逐漸少人提起。而鄭成功「民族英雄」的稱號，到了 1994 年(民國八十三年)版本的國語課本中仍然存在，一直到 1997 年（民國八十六年）的《認識臺灣》教科書，這個名號就不再出現了。

圖 26　1981 年（民國七十年）於臺南市鄭成功紀念公園所豎立的「民族英雄鄭成功銅像」　由中華民國第六任總統蔣經國題字，至今猶存。

如今，對於二十五歲以上的人們來說，「民族英雄鄭成功」，仍是耳熟能詳的專有名詞。

民間的觀點

官方對於自己詮釋過後的鄭成功精神，固然極力地宣揚與運用；而臺灣民間，要接受鄭成功做為一個偉人，也並不困難，因為原本臺灣的漢人就以鄭成功為偶像。

婁子匡、王詩琅等學者，在戰後收集臺灣的民間傳說時，依然可以收集到豐富的鄭成功傳說故事，這些故事，與日本統治時期的漢人傳說相去不遠，鄭成功仍然以臺灣各地居民的保護神、開闢臺灣的始祖、擁有上天賦與的超凡能力、寶物與命運等形象出現。對於民間故事的編纂、研究，也有延續、傳承這些故事的作用。

民間對於鄭成功的推崇，還包括宗教信仰與祭祀活動。

即使官方有了正式版本的鄭成功像，不過民間信仰中的「開臺聖王」鄭成功神像，卻依然各式各樣。戰後，臺灣民間的鄭成功廟，在 1983 年(民國七十二年)時為 73 座，這是學者仇德哉以政府登記資料所做的計算；而以江鑀萍 2000 年（民國八十九年）的田野調查結果，則為 94 座。比起日本殖民時期 43 座或 48 座的統計，增加了許多。以上統計，僅只計算了以鄭成功為主祀的廟宇，陪祀者還沒有計算在內。

這些鄭成功廟的神像，各有姿態，固然也是漢人形象，但與其說與官方確認的版本有一點相同之處，倒還不如說與民間信仰的王爺、千歲……等等，還更相近一些。

即使開臺聖王的信仰，在數量上與媽祖、關聖帝君等等，難以相提並論，因為香火興旺與否、傳播是否廣泛，還有著種種人力、非人力的作用；然而可以確定的是，不論是在傳說故事中，還是在民間信仰裡，依然維持清代、日本殖民時期以來的傳統，將鄭成功視為「開臺」聖王，作為移民臺灣的始祖，對於漢人移民的開墾、安居，有極大貢獻。

相對於官方所支持的說法，以及民間的信仰與傳說，在非官方學者方面，以及後來被習稱為「黨外」的陣營，或是在更晚近的追求「臺灣主體性」的討論中，對於鄭成功的評價，則看法分歧。

對於鄭成功的批判

由於戒嚴體制下官方對於鄭成功的極度讚許，一些在野反對派對於鄭成功的看法，因而採取批判的觀點。這個觀點最早可以上溯至 1960 年代。

在官方舉辦的「鄭成功復臺三百週年慶祝」之後一年，即 1962 年（民國五十一年），逃避國民黨追捕而流亡日本的臺灣獨立運動人士史明（本名施朝暉，1918 年～），發表了他的名作《臺灣人四百年史》，書中敘述了鄭氏家族在臺灣的統治方式、土地制度、稅制等方面，並嚴詞抨擊鄭氏政權繼承荷蘭人的「殖民統治遺制及土地制度，君臨於既存的開拓者社會」，實際上也是「外來統治集團」，在臺灣實施「殖民地統治」，重稅剝削一般漢人與原住民，而且老套地死喊「歸還中國」，只為反攻大陸而開拓臺灣，而不是為了定住臺灣。

兩年之後的 1964 年，官方正重建延平郡王祠之時，同樣流亡日本的臺灣獨立派知識份子王育德（1924～1985 年），寫下了《臺灣：苦悶的歷史》。這本著作與史明的書一樣，長期被列在國民黨政府的禁書名單之中。書中除了解釋臺灣獨立的理念之外，也以臺灣的歷史做為印證。討論到鄭成功時，作者認為，就如同國民黨自己所主張的，鄭氏政權與國民黨政權在臺灣，有許多相似之處，例如，一貫地主張自己政權的正統地位，主張自己的政府是全中國的合法政府，因此，他們都採取「反攻大陸」的國策，並且為了這個目標而「強迫臺灣人犧牲」，驅使臺灣人「向他們一無所知的大陸發動戰爭」，作者說，鄭氏與蔣氏這種不合理之處，是完全相同的。

此後，批評鄭成功，逐漸成為臺灣獨立派中的某一支傳統。這種論述傳統，以批評蔣介石總統（及其子蔣經國總統）的方式，同樣地批評鄭成功，並且將鄭氏政權與蔣氏政權，皆視為不認同臺灣本土的外來政權。這一觀點影響深遠，至今仍不斷被提出來討論。

另外一種對於鄭成功的批評，則來自於原住民的角度。

臺灣原住民在漢人為主的國家之中，在歷史教育之中，向來處於十分尷尬的地位，許多強調漢人開拓艱辛的歷史故事，常常以「土番」作為對立的敵人，不管是明鄭時期、清朝統治、日本殖民，一直到戰後都是如此。

直到 1980 年代，臺灣社會運動興起，原住民運動以打破「吳鳳神話」的行動為開始，學界、文化界等，才逐漸針對臺灣歷史之中原住民被扭曲的部份，有了越來越多的檢討。在整體臺灣史的檢討之中，鄭成功對待原住民的方式，也成為不可迴避的部份。

早期的文字史料之中，有許多如今讀來怵目驚心的內容。例如，鄭成功在圍攻荷蘭人的熱蘭遮城時，因下屬「凌削土番」，對原住民欺凌剝削，導致「大肚番」阿德狗讓(A-tek-kaujong) 聯合各社攻擊漢人，並與明鄭軍隊作戰，但後來被擊潰、斬殺，餘眾或死或降。

到了鄭經、鄭克塽時代，原住民與漢人發生衝突，有時還出現原住民全社被滅的慘況，例如依黃叔璥〈番俗六考〉的記載：1670 年，鄭軍部將劉國軒從南臺灣率兵到中部沙轆，「沙轆番原有數百人，為最盛；後為劉國軒殺戮殆盡，只餘六人，潛匿海口。」而歷次原漢衝突原因，不外乎漢人土地開墾與原住民傳統領域的衝突，以及原住民對於漢人政權稅負過重的反抗。

從歷史來看，原住民與漢人，固然有合作、互相學習、血緣與文化融合的部份，但是也有激烈對抗，甚至趕盡殺絕的部份，在鄭成功時代也是如此。許多相關史實，目前仍在慢慢發掘當中。

「臺灣主體性」之下的爭論

對於鄭成功的評價，在臺灣已有更多元的討論，對他

圖 27　臺南市火車站的鄭成功銅像至今仍是臺南地標之一

的批評也慢慢出現；不過，鄭成功在臺灣建立第一個漢人政權，並且與中國大陸的政權對抗，其不屈不撓之處，卻對於許多關心臺灣主體性的人士，有著另一種吸引力。而且，民間對於鄭成功的崇敬之情由來已久，比較務實（或現實）的政治人物，通常寧願選擇與之並存，而且加以運用。

做為鄭成功登陸與建立政權之地的臺南，由民進黨籍市長許添財執政之後，從 2002 年（民國九十一年）起，每年都舉辦「鄭成功文化節」，而第一年就是「鄭成功開臺三百四十一週年文化節」。當時，在之前兩年的 2000 年，終於擊敗在臺執政五十年的國民黨而當選總統的陳水扁，也應邀參加。咸認具有臺灣本土意識的陳總統，在開幕致詞時表示：「鄭成功為『開臺聖王』，他不僅奠定臺灣的政經基礎，也開啟了臺灣近代史的序幕」，還留給我們不畏艱難的「民族精神」，以及三百多年來從未斷絕的香火祭祀，眾多的歷史古蹟，以及對臺灣歷史文化的影響；而副總統呂秀蓮的談話則更加直截了當，他說鄭成功就像《聖經》裡的摩西一樣，帶領明朝移民前往「充滿蜜、牛奶的迦南：臺灣」；主辦人市長許添財則說，鄭成功擊敗荷蘭人，「和平簽約，沒有流血，而且有尊嚴的和平收場」，「這是臺灣歷史的開始」，「以包容的慈悲心與世界打拼」，這就是鄭成功在臺灣「立國建都的歷史」，我們必須要了解。總統府資政姚嘉文則說，鄭成功不願受清朝統治，在臺灣建立「延平王國」，這些先人奮鬥的歷史我們更應該了解。此外，在歷年的鄭成功文化節期間，鄭成功相關的古蹟、傳說、信仰、美食……等等，都成為重點宣傳的文化與觀光資產。

由此可見，臺灣本土意識的政治人物，對於不願受清朝統治、而在臺灣獨立自主發展的鄭成功，的確抱持著某種親近性，他們重視鄭成功的開臺事跡，稱許他的「民族」精神。雖然，究竟指的是哪一個「民族」，並未言明。另外，鄭成功在臺灣民間的正面形象依然穩固，官方因此願意順勢提倡相關的文化資產，成為促進觀光的賣點。

不過就在同一年稍早，2002 年的 2、3 月間，在《自由時報》的讀者投書版，就有臺獨意識堅定的人士，主張要更改「延平中學」的校名，他們批判鄭成功「在臺期間志在中國，並不關心臺灣，對臺灣亦無貢獻」，是「一個追逐暴利的海盜商業集團的頭目」，「形式上尊君，並不忠君，甚至連形式上的尊君都談不上」；而反對改名者則認為，校名的精神是為臺灣「培育具有不畏強權、不貪名利、誓死反抗外族、反對外來支配的民族精神之人才」。

支持與反對改名的正反雙方所說的「追逐暴利的海盜商業集團的頭目」，或者「不貪名利」，哪一個更符合當年鄭成功既經商又建立政權的實情？不論如何，我們由此可知，即使以追求臺灣主體性作為出發點，這仍是一個問題：是應該將他的形象從國民黨、共產黨的手中奪回來，賦予「開臺」、「抵抗對岸強權」的意義？還是將他視為中國歷史上常見的海盜、軍閥，或是侵入臺灣的外來政權，然後徹底放棄鄭成功的形象？……截至目前為止，仍沒有一致的答案。

中華人民共和國的民族英雄

1949 年之後，中華人民共和國成立，歷史人物的地位，也在新的治國理念之下重新編排。特別是對於中國共產黨來說，評價一個歷史人物，向來是十分嚴肅的政治問題，有時甚至成為官方發動政治運動的「前哨戰」，一點都不可馬虎。在抗戰期間，已經成為中國民族英雄的鄭成功，此時，仍將面臨不可測的未來。

反帝國主義的民族英雄

對於在臺灣的國民黨來說，或者對於標舉傳統儒家道德的人們而言，鄭成功選擇了效忠明朝而背逆父親鄭芝龍，必須以「忠孝不能兩全」時「移孝作忠」來解釋；但對於共產黨而言，這完全不是個問題。只要站對了立場，國家利益原本就在家族利益前頭，就如共產黨原本就將革命利益置於私人利益之前，是一樣的邏輯。重點在於，鄭芝龍的立場是錯的，鄭成功的立場是對的。而立場的對或錯應該如何決定呢?

在 1950 年代，共產黨新政權所編訂的歷史課本中，稱讚鄭成功「驅逐了外國侵略者在臺灣的勢力」，因而「受到我國人民的崇敬」。這正是鄭成功最大的貢獻，打敗西方殖民者，取得臺灣。這種功勞，就像共產黨在抗戰之中，是打擊日本帝國主義的主力（當時的史觀如是認為），並且將美國扶持的國民黨趕下臺一樣，是反帝國主義的英雄行為。鄭成功擊敗荷蘭人取得臺灣的歷史事實，被拿來和「反帝國主義」、「反封建主義」的中國共產黨相類比。

鄭成功做為中國人反帝國主義的民族英雄，除了將臺灣收回到中國人的手中之外，在官方十分重視的民族問題上，也必須有良好的表現。在歷史課本中這樣寫著：「鄭成功在臺灣建立政權，團結當地的漢族人民與高山族人民，共同發展生產事業」，並且強調：「從古以來，我國人民就在臺灣進行開發，臺灣是我國領土不可分割的一部份」。

然而，雖然對於官方來說，鄭成功在反殖民帝國、擴展中國領土、開發臺灣、團結各民族等方面有了這麼多的貢獻，還必須解釋一個棘手的問題，就是鄭成功對於「封建主義」的朱姓王朝有著過人的忠誠，而中國共產黨卻是「反封建主義」的。

鄭成功所打出來的旗幟是「反清復明」，而他所建立的政權、他號令四方的官銜，無不承襲自明朝的體制，以及朱家的姓氏：國姓，而他本人的意識型態，也是站在封建壓迫者那一邊，而不是站在被壓迫者這一邊，例如鄭亦鄒的《鄭成功傳》記載清順治九年七月時，一個奴僕殺掉了身為清軍將領的主人，前來投效鄭軍，鄭成功雖然賞賜他的功勞，卻因為他背叛並殺害主人，而在厚賞之後立即下令處死了這個「僕隸之人」。

不過依據中國共產黨所詮釋的馬克思列寧主義（或者逕稱為毛澤東思想），以及抗日時期所發展出來的「民族統一戰線」的原則，這一點還是可以解釋的。當滿清軍隊擊敗了李自成等「農民起義」的隊伍，意圖佔領更廣大的中國領土時，這時候的「主要矛盾」是「民族矛盾」，也就是說，入侵中國的滿清這時候是主要敵人，而鄭成功抵抗清軍，就是站在正確的民族立場，即使明朝是封建保守的地主勢力。

鄭成功的行為就與抗日時期的中共類似。工農立場的共產黨，在聲明日本帝國主義是「主要矛盾」之後，就可以和同意抗日的國民黨合作，即使國民黨是站在地主、資本家的立場。

朱傑勤 1955 年發表在《中山大學學報》的〈鄭成功收復臺灣事跡〉，是把「民族統一戰線」立場運用到鄭成功研究的範例。在這種觀點下，為了民族大義，可以暫時擱置階級問題。鄭成功除了抵抗滿清，還有收復臺灣、反帝國主義的偉大功績，自然能夠適用這個標準。

1962 年鄭成功驅荷三百週年時（這是以驅荷勝利的 1662 年為準，而臺灣則以出兵的 1661 年來計算，因此兩者的「三百週年」相差一年），在臺灣的國民黨熱烈舉辦盛大的慶祝活動後不久，在大陸的共產黨也同樣大舉紀念。當時，著名的歷史學家范文瀾，於「中國人民政治協商會議」上發表演講，對於紀念鄭成功的時代意義，作了言簡意賅的評價：鄭成功驅逐荷蘭殖民者收復臺灣，是中國人民抵抗「外國資本主義」侵略的第一個勝利，而當「美國帝國主義」仍然佔領中國領土臺灣的時候，當我國人民不斷為了「解放臺灣」而鬥爭的時候，紀念鄭成功就格外地具有特殊的意義。

同年 2 月，在廈門大學也召開了「鄭成功研究學術討論會」，這是 1949 年以來第一次舉辦專門討論鄭成功的學術會議，之後還出版了《鄭成功研究論文集》。當時的學術界對於鄭成功，也開始投入更多的注意。鄭成功當年屯兵所在的廈門鼓浪嶼，島上的日光岩北麓，也在這一年興建了一座鄭成功紀念館，內藏鄭成功手跡、遺物及有關實物、模型等。

1963 年，十分具有代表性的文人郭沫若，於北京《電影創作》第 2、3 期發表《鄭成功》的劇作。劇中描寫鄭成功攻打臺灣的前後經過，並且在過程中得到了漢人、高山族、黑人，甚至荷蘭人的幫助，打敗了「紅毛鬼」或「西方強盜」，收復臺灣，並且把耕牛農具送給高山族，同時揭穿殖民者「假借天主的名義，幹盡一切的壞事」的真相。在全劇一開始就被稱呼為「大救星」的鄭成功，成為一個既能收復臺灣，驅逐殖民者，又能兼顧各民族團結，開發臺灣的完人；而「大救星」的頭銜，令人聯想起著名歌曲〈東方紅〉中，歌頌毛澤東時就是以「人民大救星」這個封號。我們不得不說，這是對於鄭成功讚美的極致。

文化大革命時期遭到懷疑

但是好景不常。到了 1966 年「無產階級文化大革命」爆發時，許多歷史人物都被更嚴格的階級立場重新評判。本來具有正面形象的眾多歷史人物，就像中國共產黨自己的老幹部們一樣，都被懷疑的眼光一一審視著。

例如，明末抗清的史可法被批判了，原因是他對朱姓王朝愚忠，是封建王朝的工具。至於處境類似的鄭成功，雖有民族英雄的光環護身，卻也遭到了被忽視的命運，不再如同往日一般的備受讚揚，在媒體與學術界消失了蹤影。文革風暴所及，對臺研究的相關學者人人自危，據說連研究鄭成功如何攻打臺灣或清朝，都怕被指為「替國民黨研究」如何反攻大陸，「臺灣研究」在當時因而成為禁忌。

1976 年毛澤東過世，不久，文革結束。此後，官方整體意識型態與基本政策又有了重大轉折，並且再度影響歷史人物的形象。

再度與「臺灣問題」掛鉤

文革結束之後，鄭成功於 1970 年代末再度以英雄之姿，回到課本當中。

1979 年版本的歷史課文中說，在荷蘭人統治下，臺灣人民「生活非常痛苦，渴望回到祖國懷抱」，因此臺灣人向鄭成功獻了一幅臺灣地圖，希望他能「收復祖國的神聖領土臺灣」；最後，「民族英雄鄭成功收復臺灣」，在中國人民對抗外來侵略的鬥爭史上，「寫下了光輝的一頁」。

此後，「民族英雄」，「擊敗西方殖民者」，「收復臺灣回歸祖國」等修辭方式，再也沒有更改過，直至今日。

除了課本，還有許多中央與地方建設，也凸顯同樣的精神。例如位於北京的人民大會堂，於興建時就設置了「臺灣廳」，1994 年臺灣廳整修，在裝潢上加強了「海洋文化和地方風情」，2000 年更在大廳裡擺設了兩個兩公尺多高的雕像「媽祖情緣」與「鄭成功收復臺灣」，另外還在休息廳裡擺放百年荔枝古根雕，取名「中華根」，在地毯設計上也以「中國結」、臺灣「蝴蝶蘭」為圖案。所有的設計，都是為了「體現了祖國大陸與臺灣同脈相連的歷史同源性」。

對於官方而言,鄭成功的塑像顯然是很合適的統一象徵物。

1990 年代初期，廈門鼓浪嶼繼鄭成功紀念館之後，於海邊懸崖頂端，再興建了一個高達 15.7 公尺的鄭成功花崗岩塑像，身穿戰袍，頭戴帽盔，手按寶劍，凝目遠眺，望著臺灣的方向，含意深遠。2004 年鄭成功誕辰三百八十週年時，新的鄭成功塑像在泉州市完成，依據當地媒體報導，「為緬懷這位民族英雄的豐功偉績」，因此建造了鄭成功舉手側望，眺望臺灣海峽的塑像，該像高 30 公尺，基座平臺高 8 公尺，總高度 38 公尺，海拔高度為 166.2 公尺。該塑像比鼓浪嶼原有的鄭成功塑像更為龐大,「為泉州增添一處愛國主義教育基地」。

還有另一個鄭成功像，前一陣子也頗受矚目。2005 年 3 月時，剛剛辭去中華人民共和國中央軍事委員會主席職務的江澤民，特意訂製了一批瓷雕作品，主題是「鄭成功收復臺灣」，送給中央軍委和國務院等領導人，總共有 80 件。這批瓷雕作品被命名為「揮師收臺」，每個瓷雕高 56 公分,「代表中國是擁有五十六個民族的大家庭」;寬 39 公分，是紀念鄭成功這位三十九歲就去世的「民族英雄」，而作品的外型，是頭戴盔甲、身披戰袍、手按寶劍的鄭成功，站在一艘乘風破浪的戰船船頭揮師前進，身後還有高懸的桅帆、旌旗加以映襯。中外媒體評論，江澤民是把「收復臺灣」的未竟之志，透過鄭成功的瓷雕，遺留給新接班的軍政領導人，同一時間，中國人民代表大會也正在通過武力攻臺的法律依據：〈反分裂國家法〉，因此，鄭成功瓷雕也被視為武力攻臺的暗示。

學術界也與官方相同，口徑一致地紀念鄭成功。早在1982 年 7 月，「鄭成功研究學術討論會」於廈門大學舉辦，以慶祝鄭成功「復臺三百二十週年」，會後出版《鄭成功研究論文選續集》；1987 年 7 月，廈門大學臺灣研究所於廈門召開「鄭成功研究學術討論會」，會後出版《鄭成功研究國際學術會議論文集》；1992 年，在廈門市召開「紀念鄭成功復臺三百三十週年」的學術研討會；1997 年福建各界則是舉辦紀念鄭成功收復臺灣三百三十五週年慶祝大會；2002 年，為了慶祝「驅逐荷夷，收復臺灣」的三百四十週年紀念，3 月中旬，南安市政府、政協、泉州市鄭成功研究會聯合召開「鄭成功收復臺灣」學術研討會和紀念大會，同年 4 月，福建省社科聯、廈門市社科聯、市政協、廈門大學臺灣研究中心、廈門市鄭成功研究會聯合召開「海峽兩岸紀念鄭成功學術研討會」。預料在 2007 年的三百四十五週年，福建將再舉辦鄭成功研討會。

用句大陸的「套話」來說，鄭成功「收復臺灣」，「對於祖國人民的偉大貢獻」，足以使他「民族英雄」的地位穩如泰山；然而，以中國領土統一的立場來看，當年鄭成功反抗滿清的行為，其實是抗拒中國新興王朝的統一。但是在中國，為何鄭成功仍能成為民族英雄，而不是阻礙統一的罪人呢？這一問題，還牽涉到近年來中國對於施琅的重新評價。

重新評價施琅

施琅（1621～1696 年）原為鄭成功部將，後與鄭成功發生衝突，逃往清朝陣營投降，其父、弟被視為共犯而遭鄭成功處死，雙方結下深仇；鄭成功死後二十一年，1683 年施琅率清軍攻取臺灣，並且向清廷力爭不應棄守臺灣，使臺灣納入清朝版圖。

原本這樣的人物，在鄭成功「民族英雄」的光輝形象之下，自然被視為叛逃者，或者滿清走狗之流，只因私怨而不顧國家大義，協助清朝滅亡了明鄭。然而，站在「中國統一」的立場來看，若鄭成功驅逐荷蘭人是代表中國人「收復臺灣」，那麼施琅又為何不能成為另一個「收復臺灣」、使中國統一的英雄？而且他還向清廷力爭，中國版圖必須納入臺灣，不應只把明鄭滅亡之後就棄守不顧，因此，臺灣後來才能成為中國的一部份。可見施琅「對於祖國人民的偉大貢獻」。

這樣的道理，在 1980 年代起成為現實。1983 年以來，在晉江、泉州、廈門等地，就舉行過許多次的施琅學術研討會；1996年，泉州還成立了「施琅研究會」；2000年，廈門也成立「施琅研究會」，並定期出版《施琅研究》論文集。此外，福建各地出現了許多的施琅紀念館，舉辦「施琅盃」華文詩詞比賽、「施琅盃」燈謎錦標賽，並新編歷史劇《施琅將軍》等多種以「施琅」為名的活動，而關於「施琅與兩岸統一」之類的研討會，更是年年舉行，據媒體報導，參加的大陸學者動輒數百人。以「規格」而論，施琅在對岸中國，已不下於鄭成功。

以2003年11月18日福建晉江「施琅與海峽兩岸」學術研討會的開幕式上，中國社會科學院歷史研究所所長陳祖武的報告為例，他說：「施琅是鄭成功的繼承者」。根據他的說法，中國學術界認為，施琅儘管和鄭成功有過個人恩怨，但都堅定地認為「臺灣是中國的領土」，因而施琅才能立下收復臺灣、反對棄臺的功勞，「施琅的名字和他所建樹的歷史功勳，已經同國家的統一、民族的團結緊緊聯繫在一起」，「我們中華民族的子孫應當世世代代紀念他」。

施琅的歷史評價，在「中國統一」的政治目標底下，已不斷提高，如此一來是否會影響了鄭成功的形象？施琅既然是促進國家統一的英雄，那他的敵人是否還能成為民族英雄？而且，以當下的政治目標與需求，而將十七世紀時彼此立場相反的鄭成功與施琅，同樣當做是「中華民族的子孫應當世世代代紀念」的英雄，會不會有些奇怪呢？

誰才是「民族英雄」?

在中國大陸與海外華人當中，對於鄭成功、岳飛等歷史人物是不是「民族英雄」的問題，曾經有多次熱烈的討論。

最近的一次爭論是在 2002 年左右，由於中國大陸的中學歷史教材中，岳飛被剔除「民族英雄」的封號而引發的。這個討論也將歷來的「民族英雄」捲入，包括鄭成功與施琅等人。有一篇署名「橫眉」的海外民主人士，語帶諷刺的說：「按中共御用文人的新觀點」，既然清朝已基本統一了中國大陸，而臺灣鄭氏集團喪失了統一全國的可能性，所以施琅率清軍滅鄭奪臺，不能說是背叛的行為，應該說是「棄暗投明」。作者說，「如此論成立，則不講原則，不分是非，誰勢力大就歸順誰，誰勢力大就由誰統一中國。」如果當年日本成功併吞了中國，那抗日的共產黨、國民黨，不就都成了妨礙統一的歷史罪人了嗎?

另一篇新加坡《聯合早報》的評論也嘲諷說：「在中共內部，你是新革命還是老革命，1937 年這個年份很重要；你是主動革命還是被動革命，1949 年這個年份也很重要」，因此依照同樣的邏輯，「在大陸的欽定史書裡，明清易代之際，是民族英雄還是漢奸賣國賊，1644 年這個年份非常重要。此前是敵我矛盾，投降滿清就是漢奸，效忠大明便是民族英雄；此後便是人民內部矛盾，投降滿清就是民族英雄，而效忠大明就是封建割據，破壞中國統一了。」若以這個邏輯推演下去，鄭成功在 1644 年清朝建立之後，依然長年抵抗「天朝」大兵，還在 1661～1662 年間攻取臺灣，繼續負嵎頑抗，這豈不是明目張膽地破壞國家統一，成為不折不扣的「封建割據」？而施琅 1683 年攻取臺灣，剷除鄭家割據勢力，不就是統一中國的大英雄了嗎？因此，若要抬高施琅，就不能讚揚鄭成功，反之亦然。

以上有關民族英雄的爭議，並沒有得到各方一致的共識。不過在中國大陸，對抗滿清的鄭成功，現在仍被視為中華民族的民族英雄，同時，投降滿清、滅亡鄭氏的施琅，也被歸類為民族英雄。因為這兩人一個把臺灣納入漢人統治、納入中國傳統文化價值的勢力範圍內，另一個則是把臺灣納入清朝版圖，也就是現代中國所大致上繼承下來的領土範圍。

至於鄭成功實際上抗拒清朝（也就是中國政權）的統一，而施琅背叛明朝／漢人而投降清朝／滿人，這兩人是否還能被稱為中華民族的英雄？則仍是一筆糊塗帳。

鄭成功、施琅，這兩個價值觀念、效忠對象全然不同的歷史人物，都被當成英雄來看待，實在是令人頭昏眼花。若是不久之後，在鼓浪嶼或泉州的鄭成功塑像旁邊，再立一個施琅塑像的話，不知道看起來會是什麼樣子？

日本與西方的觀點

二戰之後的日本鄭成功形象

日本在第二次世界大戰戰敗之後,「帝國」體制瓦解,雖然天皇制度被保留下來,但是政治上與意識型態上卻產生極大改變。在盟軍佔領下,日本開始以民主、和平的觀點進行改造,連帶影響所有的歷史解釋。

鄭成功在戰爭時期的日本帝國主義式形象,已經一去不復返,國姓爺不必再為軍閥們搖晃著日本軍旗了,以橫跨戰前、戰後時期的學者石原道博的說法,日本對於鄭成功的認識,回復到學術研究的常軌。不過,鄭成功本身獨特的異國情調與傳奇色彩,他的日本血統,曾經對日「乞師」的史實,以及在現實上與可能性方面,鄭芝龍、鄭成功家族與日本的種種地緣、血緣、政治、軍事、經貿上的聯繫……等等原因,仍然讓許多日本人喜愛他的故事,感受到與他的密切關連。

在日本帝國主義時代的 1942 年,石原道博曾出版《鄭成功》；而在戰後新的氣氛之下，於 1959 年出版了《國姓爺》。新版的《國姓爺》仍然保存在舊版《鄭成功》當中「日本乞師」的考證，這個章節列舉了鄭氏一族（鄭芝龍、鄭成功、鄭彩……等）與其他南明陣營人士向日本請援的種種說法，也提到了鄭氏部隊中的「鐵人隊」（據說是仿效或購買日本式鎧甲，所裝備的重裝甲步兵）、倭銃隊（以從日本進口的洋槍組編的部隊）。《國姓爺》一書也追溯鄭芝龍在日本的生涯、學雙刀技，鄭成功在日本的誕生，以及誕生之地豎立的「兒誕石」，據說是鄭成功親手種植的椎樹，還有日本母親的身份，她到中國大陸之後遇上清兵的死難過程……種種傳聞的分析；該書最後一章所探討的「國姓爺論」，將日本從十八世紀至戰後對於鄭成功的看法，做了一次瀏覽。可以說，這本書中，把絕大部份日本人比較注意的、喜歡強調的鄭氏與日本之關連，或者日本式的鄭成功形象，做了一個全面而簡單的分析性介紹。

雖然已經沒有領土擴張的動力，但是學術界對於鄭成功的研究，在戰後依然延續著，例如岩生成一、藤塚鄰、浦廉一、森克己諸、田中克己、中村孝志……等學者，仍有鄭成功相關研究的論文與書籍問世。鄭成功出生地的長崎市，當地的「鄭成功與同時代史研究會」於 1994 年時，出版了《鄭成功與同時代史研究：目錄・解說・展望》，將日文史料、著作、文學、戲劇等方面的成果，做一整理，甚至包括鄭成功紀念館的建設、鄭成功遺跡發掘的調查與報告……等等方面，也介紹了中文、歐洲文字的史料與研究近況，展現了日本持續關注鄭成功研究的成果。書裡還特別收錄了日本「國姓爺」歌舞伎的上演記錄表，若以上檔到下檔為止算一次的話，明治維新之前的上演次數為 104 次，明治維新之後到 1973 年為止，共有 94 次。

在日本的鄭成功研究裡，對日關係、對外關係的研究數量很大，特別是在戰後，側重於研究鄭成功與日本國內體制、海外貿易的關連。最近幾年的鄭成功研究，則向亞洲貿易圈等較大的範圍開展，探討橫跨數個國家的鄭氏活動。

最近出版的鄭成功相關專著，是林田芳雄於 2003 年出版的《鄭氏臺灣史——鄭成功三代的興亡紀實》。這是一部以中文與荷蘭文的史料為基礎的歷史著作，例如《先王實錄》、《海上見聞錄》、《臺灣外紀》、《閩海紀要》、《清實錄》、《巴達維亞城日記》、鄭荷和約內容……等等，內容側重於鄭氏實際的軍政作為，較少涉及日本式的形象，也就是說，鄭成功的日本乞師、接受日本幕府支援的可行性、鐵人隊、倭銃隊可能是鄭成功學自日本的戰術……等，這些強調鄭成功與日本關連的部份，在這本書裡已少有提及。

除了學術性的著作與論文之外，從戰後初期 1950 年代，在日本也出版了許多鄭成功通俗作品，例如上田微古館的《鄭成功的盔甲》，是十分風行的演義故事書，還有中山光義的《國姓爺合戰》收入了少年少女世界名作文庫，飯澤匡《國姓爺合戰》也收入日本國民文學全集，並以現代日文翻譯；而新興的媒體，例如 NHK（日本放送協會）第一臺，於 1955 年播放了《國性爺合戰》廣播；東橫會館也在 1955 年演出《和唐內》，1958 年演出《國姓爺》。「國姓爺文學」對於通俗文化中的鄭成功形象，仍有持續的影響。

更晚刊行的寺尾善雄《明末的風雲兒鄭成功》，於 1986 年出版，是一本通俗性的傳記。書中強調鄭成功母親田川氏的死，使鄭成功抗清的決心更加堅定，因此，鄭成功身上所流的血，更多地來自於母親，而不是父親鄭芝龍；而鄭成功反清復明的忠君精神，以及為母親報仇雪恨的意志，作者也認為是來自於日本的武士道精神。另外，日本乞師、鐵人隊、和銃隊（即倭銃隊）等在日本書籍中經常被提到的部份，自然也沒有遺漏。

1990 年（平成二年）11 月，日本國立劇場的歌舞伎公演：近松門左衛門的《國性爺合戰》，以三幕五場的形式，將日本國姓爺文學的開山之作重新演出，在演出的劇本之中，刪節了原本皆大歡喜卻不符史實的結局（鄭成功達成反清復明的任務），而仍保留了 1715 年第一次演出時，觀眾所熱愛的許多要素：和藤內的身體髮膚皆受之於神國日本、身有太神宮的神符護持、禦國的德威、日本母親遇難之恥即為日本之恥、在「異國」照耀武德……等等，都是鄭成功的通俗劇最受歡迎的部份。鄭成功形象中的「日本性」，在日本依然普受歡迎。

在著重趣味、新解的歷史小說中，也有的著作試圖在傳統國家、民族的框架之外，以新的角度來解釋鄭芝龍、鄭成功當年的不同選擇。例如旅日臺灣作家陳舜臣的《旋風兒：小說鄭成功》，以及受到「世界鄭氏宗親總會」所支持的作品——福住信邦《鄭成功的日本母親》等等。他們都推斷，鄭芝龍、鄭成功分別投效不同陣營，其實是鄭芝龍面對明清交替、局勢不明時所採取的求生存策略，就像中國歷代亂世或日本戰國時代，許多世家大族被逼著要選擇立場時，被迫「腳踏兩條船」，以求家族最起碼能保留下其中一支的安全；然而，明清之間不共戴天、你死我活的衝突，導致父子最終彼此為敵、天人永隔的遺憾。在這樣的解釋裡，對於家族血親的忠誠，以及對於君王、對於民族的忠誠，成為人物掙扎與抉擇的焦點。

也有的故事，強調鄭成功是對抗歐洲殖民者的日本人。2002 年 11 月，日本上映的電影《國姓爺鄭成功》，在電影的宣傳文案上，寫著：「明末清初的時代，出現了拯救亞細亞的日本英雄，他的名字叫做鄭成功」。廣告自然是比較誇張的，但也正好聚焦於日本人最喜愛的鄭成功形象——拯救亞洲的日本人。不過「拯救亞洲」的說法，或許會讓一些外國人，聯想到舊日本帝國對外擴張的口號：「大東亞共榮圈」之類的不愉快歷史。

除了通俗書籍、學術著作、藝術表演、娛樂戲劇……等等之外，在鄭成功出生地：日本九州長崎平戶，以他為賣點的觀光事業，也正蓬勃發展著。

二戰結束後十七年，即 1962 年，平戶市興建了日本唯一的鄭成功廟，該廟的香火還是從臺南的延平郡王祠（日本殖民時期的開山神社）分靈而來的；每年 7 月 14 日，還會舉辦盛大的鄭成功祭典，同時將日本神道的神宮大麻與漢人慶典慣用的紅綵並列。值得一提的是，在此地供奉的鄭成功神像，外貌與臺南延平郡王祠的神像十分類似，而不是如戰前的小說、戲劇般，非穿上和服，佩掛武士刀不可。

除此之外，平戶市存在著許多鄭成功的歷史遺跡，例如位於千里濱，據傳是鄭成功母親生下他的紀念碑「鄭成功兒誕石」；江戶時代（1603～1867 年）肥前國紀念鄭成功的碑刻「鄭延平王慶誕芳蹤」，當地俗稱「和唐內之碑」；鄭氏舊居，被改建成「金比羅神社」，並被指定為長崎縣史跡，不過當年宅基的範圍、建築的規模和結構，目前都尚未確定，而且仍缺乏直接的歷史證據可證實為鄭成功幼年居住之所；父親鄭芝龍在鄭成功誕生時所建的「觀音堂」，裡面陳列有媽祖像，被平戶市指定為文化財；當地的松浦史料博物館，至今仍藏有關於鄭芝龍、鄭成功的史料《平藩語錄》及其他遺物。在那裡遊覽參訪的旅客，若問及當地學童鄭成功的國籍，將會發現，孩子們認為鄭成功是日本人；就如同平戶市宣傳小冊上寫的，鄭成功是「前往」中國的「民族英雄」。

日本性的變與不變

二次世界大戰之後，雖然歷經了種種變化，但在日本，人們還是喜歡鄭成功的故事，特別關注他與日本的種種聯繫，以及最重要的，鄭成功骨子裡的日本精神——雖然從史料上看來，這也是相當不明確的部份，但在日本人的意識之中卻一直存在。

如今，東亞局勢風雲變換，美日安保體系持續強化，規範日本自衛隊出兵的「周邊有事」法案範圍擴及對峙中的臺灣海峽，以及日本官員民代該不該參拜靖國神社、首相如何對殖民時期的歷史「謝罪」或「道歉」、日本教科書承不承認歷史上曾經「侵略」亞洲……等等嚴重爭議；日本國情，東亞，或者世界局勢，難以預知將會如何。在未來，鄭成功形象中的日本特性，是否會再度活化？活躍於十七世紀的中日混血兒，會不會重新轉化為某種新的象徵？

活著的人，是否會再度搖起死人的旗幟？也許，這些都只是過度猜測，在發達的消費社會裡，鄭成功也只是重新作為民眾的娛樂，文化人士的研究對象，或者新的觀光資源？

這是有趣的歷史問題，也是現實的問題。

西方視野：揮之不去的海盜形象

在西方，鄭成功的形象，也許不那麼與緊迫的政治局勢結合，然而，同樣也離不開當時人們所關注的問題，而呈現出與東方各國不同的結果。

在最早期的西文記錄，是來自於荷蘭人與西班牙人的記載。這些與鄭家（如鄭芝龍、鄭成功……等）有過交涉、貿易、合作，甚至爭戰等經驗的西方勢力，自然認識到鄭成功在東亞海洋上的地位，因為中國東南沿海一帶的貿易，的確長期掌握在鄭家手中，影響範圍還包括日本、東南亞等地；十七世紀遠從西方而來的殖民者，對於海上交通究竟是誰掌權、誰說話，必定深有體會，甚至超越往往不重視海洋經營的古代中國政府。然而，他們最後都與鄭氏集團爆發劇烈的衝突，特別是荷蘭人在臺灣統治的年代，與鄭成功的生卒年（1624～1662 年）很驚奇地幾乎完全吻合，而且就是鄭成功，結束了荷蘭在臺灣的殖民、貿易與宣教的活動，可以想見兩者之間的惡感，以及失敗者的痛恨。

這些因素，都影響了早期西方文獻中，對於鄭成功的描述。

根據這些記載，西方人口中的「國姓爺」，仍然與「海盜」、海上霸主等形象離不開關係，一部份的原因，可能是他的父親鄭芝龍，的確曾是中國東南最大的海盜首領，而鄭芝龍與鄭成功，在西方早期文獻中有時也出現混淆的情形，不過，另外一部份的原因，則是因為鄭成功與西方勢力的直接衝突，妨礙了殖民者在東方的擴張腳步。就像之前的章節所提到的那樣，荷蘭與西班牙文獻之中，不但認為「國姓爺」是海盜，而且還是迫害基督徒或天主教徒的異教暴君，脾氣暴躁的血腥魔王，而與這個異教殺戮者來對比的，則是在荷蘭愛國教育、西方殖民與傳教史上留下英名的 Anthonius Hambroek 牧師，在荷蘭方面的不同記載中，都描述過這位神職人員被鄭成功俘虜後，因忠於信仰與祖國而不屈被害的情形，相較之下，殺害他的鄭成功海盜陣營，則顯然是試驗聖者的魔鬼。

特別是在鄭成功一戰擊走臺灣的荷蘭人，並且威脅呂宋島殖民地的西班牙人之後，海盜的形象延續了很長一段時間。法國杜赫德（Du Halde, J.-B. (Jean-Baptiste), 1674～1743 年）於十八世紀出版的《中國帝國的描繪》(*A Description of the Empire of China*) 一書中，特別描述了鄭成功在廈門把清軍俘虜割鼻切耳的情形，並且稱他為「著名的海盜」；這是當時西方人認識東方、認識鄭成功形象的重要著作。

到了十九世紀與二十世紀，甘為霖（William Campell, 1841～1921 年）、李斯（Ludwig Riess, 1861～1928 年）、必麒麟（W. A. Pickering , 1840 年～?）、戴維生（James Wheeler Davidson, 1872～1933 年）等人，都不脫「海盜」這個主要看法，雖然在其他次要方面的評價或印象上，稍有些不同。

英國基督教長老會的牧師甘為霖，於 1903 年出版的《荷蘭統治下的臺灣》(*Formosa under the Dutch*) 當中，作者雖然沒有對鄭成功的事業做出評價，卻也描繪了他的形象。他形容國姓爺是窮凶極惡的海盜，一個粗獷的武夫。這樣的形象，顯然沒有考慮到鄭成功曾為儒生，還會作詩填詞的事實。

李斯的《臺灣島史》(*Geschichte der Insel Formosa*)，多次稱呼鄭成功為海盜或海盜頭目，而且稱呼他所建立的政權，不但是個獨立王國，而且是個「海盜王朝」，雖然這個獨立的王朝無法長期存在。

曾擔任過水手、在臺海關人員、英國公司臺灣分行負責人等工作的英格蘭人必麒麟，也提到他所知的國姓爺：「一個聲名狼藉的海盜」，儘管他也不無敬意地認為，他是最後一個反抗韃靼（即指滿清）的漢人。

戴維生的《臺灣之過去與現在》(*The Island of Formosa, Past and Present*) 中說，鄭成功不是一名粗俗的海盜，沒有忘懷祖先的志業，他不是為了個人的利祿作戰，在東方歷史上，他確實是出類拔萃的人物，不論是事業、勇氣和才幹方面，中國海上的眾多英雄好漢，沒有人能與他相提並論。不過，鄭成功在戴維生筆下不是一個粗俗的海盜，卻也暗示他可以和「中國海上的眾多英雄好漢」相提並論，仍然是一名海盜，只是並不粗俗罷了。

不過十九、二十世紀之交，也漸漸有一些例外出現，給予鄭成功「海盜」之外的評價。

1893 年（清光緒十九年），曾任法國駐廣州領事的英保・瓦爾(Camille Clement Imbault-Huart, 1857～1897 年)，在巴黎出版了《臺灣島之歷史與地誌》(*L'ile Formose: histoire et description*，書名直譯為《美麗的福爾摩沙：歷史與記述》)，裡面詳細記錄臺灣之地理位置、交通、物產、港埠、聚落及人種等，成為後來的中法戰爭時（1884～1885年)，法軍攻臺的重要參考。此外，書中介紹臺灣歷史的部份，毫不例外地也提到鄭成功。我們知道，要理解鄭成功的真實形象，確實十分地困難，而作者英保・瓦爾可能是最早發現這一點的西方人之一。他在書裡承認，要用一支真實的筆，去畫出鄭成功的圖像，並不是容易的事情。不過，作者還是從前人的記載與傳說中，整理了他的形象：有野心的，卻帶著一種高傲的氣質，沒有陰謀與偽善。有深厚的教養和非凡的智慧，堅強而又切合實際，他的眼光迅速確實，意志堅定而持久，是個事必躬親的人。有精確的判斷力，隨時做好任何準備，也是具有謀略的人，不會輕易向別人透露他的計畫與想法。講求論功行賞，從優撫恤；自我節儉，而不吝嗇。待人公正，嚴厲而剛直。他驕傲又記恨，專橫而有時殘酷，士兵們只是戰場上的器械，當他貫徹一項計畫時，決不顧及他們的生命。他雖出於基督教的家庭（按：父親鄭芝龍曾受洗於葡萄牙人），卻絕不畏懼上帝。他深恐遭人暗殺，絕不接連兩晚睡在同一室內。英保・瓦爾總結說，不論陸上與海上，他都使得韃靼王朝為之震懾，同時使當時與中國通商的歐洲人，因此而敬畏他。

似乎越是晚近的西方觀點，距離十七世紀的海權利益越遠，對於鄭成功的評價也就越加冷靜。開始有一些著作，接受了他在中國或日本的傳統評價：明朝忠臣，抗清英雄，或是愛國者。然而，海盜的形象依然揮之不去。1921 年 Herbert Giles 在紐約出版的《中國與滿洲》(*China and the Manchu*) 就說，鄭成功的「海盜之眼」，被臺灣給吸引住了；更晚近且更重要的著作，例如 William McNeilsm 於 1963 年出版的《西方的興起》(*The Rise of the West*)，則稱呼他為「海盜之王國姓爺」；更令人驚訝的，就連西方漢學或東亞研究中大名鼎鼎的賴孝和（E. O. Reischauer, 1900～1990 年）和費正清（J. K. Farebank, 1907～1991 年），在他們 1958

年出版的《東亞：偉大的傳統》(*East Asia: A Great Tradition*)當中，也描述鄭成功是「一個著名的中國—日本海盜」，到了 1960 年之後的各個版本，才去掉了這種形容。一直到最近的著作，2004 年 Jonathan Clements 出版的鄭成功相關書籍，名稱還是叫作《海盜王：國姓爺與明朝的衰落》(*The Pirate King: Coxinga and the Fall of the Ming Dynasty*)。

在西方，對於鄭成功的看法仍然十分傳統，比起鄭成功形象在東方的轉變，更慢上許多。

從刻板印象到多元觀點

不過，更細緻地研究鄭成功的專家，在西方也逐漸出現。

道格拉斯・曼代爾 (Douglas Mendel) 1970 年的《福爾摩沙民族主義政治學》(*The Politics of Formosan Nationalism*)，該書主要在研究臺灣人的民族主義，也提到鄭成功同時受到許多方面的尊敬，對於中國共產黨，鄭成功驅逐了外國「野蠻人」，對於國民黨，他則是反清復明的忠臣，庇護許多不願受清廷統治的人，而對於許多臺灣人，他是臺灣獨立的先驅，是第一次而且是唯一一次，以閩南語為主的人來統治臺灣，並且免於受外國（包括中國）的統治。

1977 年，郭適 (Ralph C. Croizier) 的《國姓爺與中國民族主義：歷史，神話與英雄》(*Koxinga and Chinese Nationalism: History, Myth, and the Hero*)，更深入挖掘鄭成功形象的來源，以及在不同的時代，立場相異的人們，對於他有哪些不同的評價，也解釋了他如何在民族主義的作用之下，從一個區域性的歷史人物，逐漸變成全中國的民族英雄。

另有一些晚近的西方學者，則惋惜他的壯志未酬，例如康培莊 (John Franklin Cooper) 於 1990 年出版的《臺灣：民族國家或一個省?》(*Taiwan: Nation-State or Province?*) 書中的立場；有些則以豐富的想像力，對於鄭成功的事業做出不同評價，像義大利學者白蒂 (Patrizia Carioti) 的《遠東國際舞臺上的風雲人物鄭成功》，甚至想像如果鄭成功和他的繼任者，能放棄傳統逐鹿中原的傾向，就不必以海上貿易的全部潛力與資源，去進行孤注一擲的北伐，也不必以孤島之力，花了數十年時間，去對抗佔據了全中國的滿清，那麼，或許就有餘力南下菲律賓等地，開拓海疆，中國人就會以鄭氏為出口，走出一條不同於中國傳統歷史道路的新取向。這樣的觀點雖是建立在很大的假設上，不過也顯示出，西方人眼中的鄭成功形象，已經有了較多元化的發展。

面向海洋新形象

從二十世紀的最後幾年開始，臺灣與對岸中國大陸，都明顯地感受到所謂「全球化」的壓力。生產、市場、金融、文化等方面的全球化現象，以及因而帶來的劇烈競爭、商機與認同……等問題，不管對於哪一個政府，都是必須面對的。就像民族主義一樣，全球化所影響的層面，並不只在於政治、經濟政策，還包括教育、文化、學術等等。對於歷史人物的評價，也受到此一潮流的影響。

全球化與「海洋國家」

全球商業競爭的趨勢，使得人們看待鄭成功時，開始偏重這樣的層面：重新發現鄭成功（與鄭氏家族）在海洋貿易史上的地位，以及對於此時此刻的激勵與啟發。因此，偏重以海洋貿易的角度，或者用迂迴一點的說法，「海洋文明」的角度，來讚美鄭成功與鄭氏家族。從這一點來說，海峽兩岸的政府與學界、文化界，都找得到順理成章的理由。

以臺灣而言，重新發現十七世紀臺灣在東亞海洋史、殖民史的地位，是一個新鮮而不可抗拒的主題，因為這是在追尋「臺灣主體性」的討論過程中，重新發現在歷史上臺灣地位的「國際性質」：臺灣曾是國際爭逐的焦點，引來西班牙、荷蘭殖民者的注目與殖民，還有越來越多的漢人移民，日本人也曾參與其中等等，將這些歷史事實著重地加以討論。特別是在 2000 年臺灣政權轉移之後，這些原本屬於部份學界或民間的觀點，逐漸以官方的管道傳布開來。

以臺南市展出的「安平追想起——國姓爺與荷蘭人戰爭特展」為例，在 2001 年（民國九十年）10 月到 12 月之間，由中華民國的行政院文化建設委員會指導，國立臺灣歷史博物館籌備處主辦，並有許多國家級與地方級的文化機構、官方機構，以及國內外學者的參與，還有荷蘭、中國泉州等地博物館的協助，做了盛大的展覽與論文研討，此外，還透過傳播媒體與中學鄉土教育，廣為宣傳。活動說明文字中指出，1661 年鄭成功率領著鄭氏的海軍，自鹿耳門進入臺江內海，與荷蘭人戰鬥了九個月之後，「結束了荷蘭東印度公司在臺灣三十八年的經營，開始了臺灣的漢文化統治」，而藉著重塑這場海戰，「希望可以重新認識我們生活的這個島嶼——臺灣，幾百年來，西班牙人、荷蘭人、日本人……都曾經在這塊土地上留下不可磨滅的歷史。」

而在 2003 年（民國九十二年）1 月至 5 月展出的「福爾摩沙——十七世紀的臺灣，荷蘭與東亞」特展，則是由國立故宮博物院、教育部及《中國時報》聯合主辦，展出於臺北的故宮。主辦單位從國內外三十家以上的公私立博物館和個人商借珍貴文物數百件，以呈現荷蘭人與漢人所共同形成的十七世紀臺灣的風貌。在展覽活動的序言中說，十七世紀的臺灣經過多次劇變，首先是 1624 年荷蘭人入侵，「原始社會的臺灣被拉入世界體系」，第二次大改變是三十八年後，「1661 ～ 1662 年因為鄭成功驅逐荷蘭人，臺灣成為閩南人統治的海上獨立國家」，第三次也是最後一次，「在 1683 年，滿清征服明鄭，臺灣遂被納入將近兩千年的帝國體制，成為中國的邊陲，直到 1895 年割給日本做殖民地」。在主辦單位的眼中，鄭成功的海上活動，與現代的國際貿易十分接近：「你可知道鄭成功幾代人經驗的海上王國是多麼具有現代感嗎?」

除了民進黨執政的中央級機構之外，即使是由國民黨執政的首都臺北市，也出版了類似的宣傳文字。臺北市政府文化局放置於市內六百多處公共場合的宣傳品，2005 年 1 月號的《文化快遞》，刊登在最前面的專題就是〈從鄭和到鄭成功——重現臺北非掠奪性海洋文化〉，同時以中文、英文、日文發表。文中盛讚鄭成功的海事擴張，期間雖然武力手段難以避免，但是在與荷蘭人締結的和平條約中，

第一條就是「雙方都要把所造成的一切仇恨遺忘」，秉持這個原則，在此之後生存空間擴展得更大，「發展海上經濟貿易圈」，「為臺灣融合大陸與海洋的文化奠定深厚的基礎」，而我們應該了解其「和平思想」與「開拓精神」，並期待臺北與臺灣能繼續以「和平與寬厚的態度自許，但也無畏地迎向波濤洶湧海洋的挑戰」。這段文字，與民進黨籍臺南許市長 2002 年於鄭成功文化節的演說（參見第 128 頁），是多麼相似：提倡大家要學習鄭成功「沒有流血」、「包容與慈悲心」、與世界共同打拼的精神。不過，我們也應該記得，鄭成功 1662 年簽訂和約攻取臺灣不久，立即準備武力進攻西班牙人的呂宋島，西班牙人竟以屠殺當地華人作為回應；荷蘭人在鄭成功死後不久的 1663 年，為報失去臺灣之仇，而與清朝聯手進攻鄭經，迫使鄭經放棄金廈退守臺灣……這些很難以和平或包容來概括的十七世紀海洋史，仍然是歷史的事實。

不管臺北或臺南不同黨籍的官員們對於歷史的認識如何，卻也可以看得出來，以鄭成功的形象來發展臺灣「海洋文化」的想像，在臺灣已有跨越黨派的趨勢；即使在這個趨勢之中，強調鄭成功在臺灣所建立的政權，究竟有多少的「獨立性」，可能仍有黨派的差異。

當然，以新興的「海洋國家」、商業王國的形象，來評價鄭成功與鄭氏家族的事業，並不是只在這些展覽、文宣上才出現，之前已經有了許多學術與通俗著作提到這種觀點，在不斷地累積之下，才漸漸地浮上檯面。在這樣的新視野之下，鄭成功的形象再度轉變，成為商業競爭、海洋政權的英雄，與現代的企業家頗有類似之處。

鄭成功這種商業形象的發掘或偏重，同樣也可以重新評價他的父親鄭芝龍。以前，鄭芝龍若在中國民族主義的「民族英雄」系譜裡，必定是個變節者，只能作為反面的例子，來增加鄭成功的光輝。

現在，以商業發展的角度來看，鄭芝龍竟然「豬羊變色」，成為一個氣度恢弘的海洋商業王國開拓者。他擊敗許多競爭對手，取得東亞貿易市場的壟斷地位，而鄭成功則是個繼承者，而且更上一層樓，以海洋貿易之利，使鄭氏政權得以對抗對岸的滿清政權數十年。這個「貿易立國」、以小搏大的經驗，無疑地振奮了許多人。在晚近的出版品中，許多著作對於鄭氏的海上商業王國，都表達了類似的欽佩之意，並且對於鄭芝龍，越來越有惋惜、同情與讚賞之意，例如近兩、三年出版的「臺灣第一世家系列」歷史小說：《船王鄭芝龍》、《臺灣之父鄭成功》，或者通俗歷史書籍《開啟臺灣第一人鄭芝龍》。

我們可以發現，這樣的評價與形象，與現在臺灣所流行的全球化意識型態、商人價值觀等等背景，有了更多的相通之處。然而這樣一來，是否將會在新的「海洋國家」

的脈絡下，誕生新的民族英雄形象？或者相反，將被全球化、商業的價值觀鬆動了民族英雄、效忠國家這一系列的道德脈絡？

「海洋文明」代表中國的開放

而在對岸，全球化商業競爭的觀念，同樣也越來越流行，但價值觀的轉變表現在歷史解釋上，和臺灣仍略有不同。對鄭成功「海上形象」的重新發掘，是在「中國海洋文明」的脈絡之下，重新加以定位的。

從 1988 年作家蘇曉康等人編寫了一部紀錄片與書籍《河殤》開始，中國興起一片「藍色文明」、「海洋文明」熱，要走出黃色大陸的限制，面向開闊多元的海洋。在「陸地 vs. 海洋」、「黃色 vs. 藍色」、「封閉 vs. 開放」這一組文化說詞與政治路線的隱喻之中，「藍色」、「海洋」的意象佔了絕對的上風。在國家所標舉的「開放改革」路線的氣氛之下，即使《河殤》本身因政治尺度關係，後來被官方查禁，然而這一套敘事的方式，仍深入人心。

學術界也發生了類似的改變。早期的大陸歷史學界，討論明清時代商業活動時，是以官方的「馬克思主義」術語來進行。從 1960 年代開始，他們認為明末清初的東南海商，具有「近代資本主義萌芽」的因素。不過到了 1980 年代之後，學界減少使用「主義」字眼，而以「海洋社會」、「海洋文明」、「海洋意識」等修辭取而代之。

在整體輿論環境大轉變的影響下，對於明末清初稱霸東亞海洋的鄭成功家族，也出現了新的解讀方式。

2004 年 7 月，鄭氏的故鄉福建南安，官方舉辦了「紀念民族英雄鄭成功誕辰三百八十週年」的盛大活動，以大陸媒體的報導，紀念大會是為了「重溫英雄鄭成功驅荷復臺、統一祖國的豐功偉績，為實現祖國的完全統一，為實現中華民族的偉大復興盡智竭忠、獻計獻策」。

紀念活動在統戰的基調之下，同時也出現一篇廈門大學教授陳支平〈鄭成功海商集團興衰的歷史反思〉的文章，作者認為，我們應當看到「作為海商、海盜傑出代表人物的鄭成功」，具有「比一般農耕社會更為開闊的海洋觀念」，這種「世界海洋意識和開拓進取精神」，是中國傳統的統治者及政治家們所無法想像的；但是，鄭氏最後仍然失敗，而軍事戰敗只是表面原因，真正因素在於鄭成功依然以明朝忠臣自居，「不能與舊體制做比較徹底的決裂」，反而企圖建立與中國傳統社會政治幾乎完全相同的政權體制，「絲毫未能出現與他們新興海商勢力相對稱的新趨向」，因而「名副其實的陷入到舊體制的孤臣忠節的泥潭之中」。

言下之意，鄭氏政權若不執著於複製小一號的明朝朝廷，而是依照自己海商、海盜的生存模式，就有更大的機會，發展出不亞於西方海洋殖民商業帝國的發展型態。

同為廈門大學學者楊國楨，2003 年也發表文章討論鄭成功與海洋社會的關係。在〈鄭成功與海洋社會權力的整合〉中，他認為鄭成功的崛起，最重要的條件之一，是「海洋社會權力的整合」，也就是綜合運用與開發海洋的能力。鄭成功在南明體制內整合了軍事和商業的運作，將「民間－地方官府－海上政權」合而為一，且能與「海洋世界規則接軌」，「顯示了中國傳統社會結構的彈性」；而鄭成功所依憑的閩南文化，是「中原文化與海洋文化」的結合，並且構成了「臺灣移民社會的根基」。

對於中國來說，如何透過面向「海洋」的發展，與世界政治經貿「規則」進行「接軌」，是頭等大事；而這樣的期盼，轉化為對於歷史人物的新解讀，是很合理，也很合乎邏輯的。

十七世紀鄭氏建立海上政權、控制東亞貿易，並限制西方殖民者的事跡，在以往的中國歷史當中，只被視為邊陲的歷史、地區的歷史，因為傳統中國對於海洋發展的重視程度較低，在明清兩代，甚至多次執行海禁的政策。然而鄭成功歷經幾代政權的褒揚與提升，如今又遇上中國統一或臺灣獨立的問題，以及海洋發展與世界貿易的時代潮流，都將使得原本很可能被擠入邊陲的鄭氏歷史，受到更多人的關注。

兩岸宣揚海洋形象的異同

鄭成功家族的海上事業，兩岸都傾向從海洋發展的角度，給予更高的評價。不過，雖然都是提高他的地位，卻仍有不同的偏重。

在中國大陸（特別在福建），鄭成功家族被重新定位，成為中國走向海洋、建立中國海洋社會的先驅；今日中國要建立開放性的海洋文明，可以「借鑑」鄭成功的經驗。此外，也有人批評鄭成功受中國舊政治體制的羈絆，但是欣慰於他與閩南鄉土的聯繫。

在臺灣方面，若以臺灣主體的立場出發，鄭成功家族的事業，則被放在距離中國體制更遠的地方，並且強調臺灣鄭氏政權的國際性與現代性，隱然是新興「海洋國家」的想像共同體。即使不是政治上的臺灣獨立立場，一些臺灣學者也嘗試要脫離中國政權或任何其他政權的正統觀，而以臺灣島的特殊海洋環境，以及臺灣本地民眾的觀點，來評價鄭氏政權（以及所有在臺灣統治的政權），企圖尋求比政治變遷更穩定的歷史視野。

因此，海峽兩岸所討論的鄭成功海洋新形象，雖然似乎具有「超越」傳統國家、民族觀念的可能性，顯露出某種「全球化」色彩，但是在目前來說，對於鄭氏海上事業的讚嘆與懷想,仍舊與兩岸各自的國家民族論述牽扯不清,複雜纏結。

於是，就像在金碧輝煌的「鄭氏」海洋大飯店裡，雙方爭論飯店裡的菜色一樣，到底是比較中國「海洋」風味一點，還是比較臺式「海洋」口味一些？也許旁邊還有個日本客人，回過頭來說，這裡的菜色其實是日式和風料理……；每個人都依照各自的感受、立場與知識背景，主張他們所吃到的是什麼。可惜的是，飯店的老闆已經不回答任何問題了，連菜單都語焉不詳。

代結語：英雄如何被想像

一

鄭成功戲劇性的一生，於 1662 年在臺灣臺南結束，留下了國事與家事未完成的種種遺憾，以及風雨飄搖的漢人政權；二十一年之後，清朝康熙二十二年，西元 1683 年，鄭軍水師在澎湖與施琅率領的清軍大戰，慘敗，殘軍逃往臺灣。當時臺灣「東寧王國」名義上由鄭成功之孫、十二歲的鄭克塽主掌；面對危局，眾人議論紛紛。要投降？還是集體出兵漢人移民眾多的呂宋，另闢天地？

討論並未持續很久，東寧王國便即投降，臺灣併入清廷版圖；數千官員一概薙髮，表示歸順。鄭氏所遺之文臣、武將、士兵共四萬餘人，一律不准留在臺閩，全部被移至大陸內地各處墾荒，或派至北方邊疆與俄羅斯作戰，慢慢消耗殆盡；首腦人物則被遷住北京，就近監視，並百般刁難，動輒處分。鄭成功、鄭經等人屍骨遷離臺灣，不讓臺人祀奉。鄭家勢力深受清廷忌憚，雖已投降，卻仍欲連根拔起，除之而後快。

然而，鄭成功的故事遠未結束。

起初，在滿清統治下，鄭成功只是一個正統皇朝的叛逆。不過在某些地區，在閩南、臺灣一帶，有關他的事跡傳說，在臺人閩人充滿神話色彩的故事中，在廟宇的祭祀中，在移民的口耳相傳中，在地方仕紳隱晦的詩文中隱蔽地流傳著，就像平靜海面下不斷流動的暗流。

當清朝盛世已過，在帝國主義列強的侵逼之下，官方要提倡忠君愛國，要臺灣做東海的屏障，於是為死去的叛逆、過去的敵人翻案，加封謚號，給予各式各樣的褒揚。他身為海盜勢力的繼承者，以及降清人物的長子，竟然在他的對手運作之下，成為中國傳統忠貞人物的代表。

滿清末年，國民革命的志士拿他來振奮漢人的志氣，把推翻清朝當作他畢生志業的香火傳承，抗日戰爭時，他又是擊退外國侵略的象徵；同一時間，他的母親之國日本，宣揚他為「神國」武士精神的體現，帝國海外拓殖的樣版；而臺灣漢人則奉他為開臺始祖，多處湧現他「到此一遊」的傳奇故事。

二次世界大戰後不久，中國變天，建立新政權的共產黨，稱許他是反帝國主義的典範，祖國統一的先驅，是民族英雄；此時，退守臺灣的國民黨，也說他是民族英雄，因為他收復臺灣，保存了中華文化與國家的正統，是復興基地反攻大陸的精神象徵；臺灣的在野者、流亡者，在戒嚴體制之下，開始批評他像「蔣總統」一樣，是外來政權的頭目，實施了殖民式的統治。

臺灣的政治氣候開放之後，異說紛起，學者們挖掘出他殺戮原住民的紀錄；但是，臺灣政治界與社會認知的主流，仍尊奉他的「開臺」功績。

在追求「臺灣主體性」的脈絡當中，同時出現正反的兩面評價：他是意圖「反攻大陸」的獨裁者？或者是海上獨立王國的開創者？他的閩南故鄉舉辦過多次「復臺」慶祝紀念活動，但從古至今，在中國閩南而至整個中國大陸，沒有任何一座廟宇是以他為主祀；而在他的生命中最後一年多才踏足的臺灣，人們卻尊他為「開臺聖王」，全漢人的開臺祖，到目前為止，全臺灣有近百座廟宇以主神之位祭祀著他，另外還有許多以他作為陪祀的廟宇。

日本不再是個對外擴張殖民地的帝國，但仍視他為「前往中國」的日本人；西方人距離十七世紀的海權利益已遠，現在能夠較為公正地看待他，不過，他的「海盜」形象仍揮之不去。

當全球化的商業與文化競逐，壓倒性地吸引了人們的視線時，不論是臺灣海峽的哪一邊，不管統獨立場，都爭相將他的形象與「海洋」、「開放」、「商業貿易」的時代精神聯繫起來。

2005年，中國共產黨當代領導人江澤民「真正」退休之前，依然留下了「鄭成功收復臺灣」的雕像，要求繼任的領導班子不要忘記「收復臺灣」的使命。

鄭成功死後，他的命運就如他曾經縱橫一時的大海，駭浪驚濤，詭譎多變，一點也不亞於他活著的時候。然而，時代變局影響下的各種形象，有哪一種真的能符合十七世紀時的鄭成功?

二

我們若回憶他生前死後的許多爭議，例如，他的外貌究竟如何、對明朝忠貞與否、政治軍事才能、領導統帥能力、本身的資質個性、對待一般民眾與非武裝人員的方式……等等爭議，以及第一手史料的缺乏，還有多種版本各說各話的情況，我們就能了解認識他的真實面貌是多麼困難。人們對他的各種評價如此之多，而對他本人所知卻如此之少。

不過，我們也不算是一無所知。鄭成功是不是中國傳統道德定義下的忠臣? 我們無法確定，但是卻知道，他以自己為中心，將明朝體制、海洋貿易、軍事勢力與移民社會作了結合，起碼在名義上延長了明朝的壽命，並使臺灣產生了永久性的改變。

我們也不能確定，他是否一貫地試圖「反攻大陸」，洗雪國仇家恨；還是打算獨立自主，向傳統中國之外的範圍進行擴張——當時，他是有不少選擇的空間；但不管是哪一種計畫，他都沒有時間去完成。

在臺灣，他的確建立了第一個漢人政權，帶入中國文化，不過也持續發展海洋貿易，並且繼承了一部份荷蘭人遺留的殖民體制。

他曾經努力收勒部隊，以重賞嚴罰的方式整肅軍紀，禁止擾民，但也曾經允許對於頑抗的城寨進行報復性的屠殺擄掠，比起其他古代戰爭中的所謂「英雄」，他沒有特別殘忍，卻似乎也並不仁慈。

他並不是百戰百勝的絕代名將，不乏慘敗的紀錄，但他的軍隊確實使清軍在東南一帶吃盡苦頭，還曾擊敗當年的海上強權荷蘭奪取臺灣，而他的敵人卻總無法消滅他。

他的個性不論是被稱為作風明快，剛嚴果毅，還是執法過重，缺乏寬容，甚至到最後還有「瘋狂」之說；但他確實長期處於極度困難的環境中，而仍能振作奮鬥，從不輕易放棄。

在某種程度上，他真正獲得了「永垂不朽」的歷史地位，足以讓許多其他歷史人物嫉妒，雖然他本人若地下有知，或許會對其中的一些評價感到十分意外，甚至難以認同，或者完全不能理解。但可以肯定的是，直到現在，人們談論他的興致仍沒有停止。

雖然在現有史料的限制之下，我們也許沒有辦法更了解他，但是，卻可以設法了解他的歷史形象；我們也許沒有辦法更逼近歷史的真實，但是，卻可以追索人們的歷史意識。

關於鄭成功的種種謎團，如果沒有新的史料出現，可能永遠也無法獲得確定的答案；不過，我們仍然可以研究，在不同的時代，不同的立場，不同的利益取向之下的不同群體，他們如何認識鄭成功，或者如何塑造鄭成功的形象；而且，在歷史過程中所塑造出來的形象，又如何地反過來影響了歷史，以及歷史學家的研究取向。

不論在哪個時代，佔優勢地位的社會群體，總是更有機會透過各種管道，傳播自己認為正確的解釋，進而爭取其他群體的認同；而這種說服的過程，有時更透過強制的方式。然而其他群體，會不會同意這樣的歷史解釋？會不會透過不同的管道，有意無意地與之對抗？

從鄭成功的形象來看，不同群體對於他的塑造、解釋與運用，正是一個最佳的例子，讓我們見到歷史意識的競逐，文化領導權的樹立與對抗。這不僅只是歷史的問題，而是正在進行中的現實；這也不只是研究者的課題，而且必然牽動到人們內心最深處的歷史情感。

三

許多人都說他是個英雄人物；不過，他是漢人的英雄？閩南的英雄？臺灣的英雄？中國的英雄？還是日本的英雄？……

反抗鄭氏的大肚番王戰敗身死之後，鏖戰的塵埃仍然漫天飛揚；鄭軍圍漳州城數月不下，城內留下了數以十萬計的餓死屍骸；那些堅持反抗鄭成功卻遭攻破的城寨，遭受雞犬不留的焚殺……，重新翻開史料，總好像有股濃濃的血腥味，久久不散。是這些造就了英雄嗎？

然而戲劇、小說、勵志書、祭祀活動裡，仍不斷傳頌他的故事，重複上演與重新解釋他的傳奇。政治家與歷史書籍，不斷引用他的生平事跡作各種解釋。延平郡王祠開山神社、赤崁樓普羅民遮城、安平古堡熱蘭遮城，熱心的導覽員仍在向好奇的遊客滔滔不絕地解說。閩南的家鄉，金門、廈門的舊駐地，以及出生地日本平戶千里濱，豎立了雕像、紀念碑，或者蓋起了紀念館，繼續保留或複製著他曾經存在的痕跡。

許多人朦朦朧朧的想像之中，他似乎仍在安平郊外，強忍悲痛，埋葬死難母親的屍首；在城外的孔子廟，焚燒伴隨多年的儒服，痛心父親的投降，並立下誓言，要與異族敵人戰鬥到底；在滿清佔據的南京堅城之前，不屈不撓，鼓舞部隊的士氣；在鹿耳門的狹窄水道外，焚香祝禱，祈求漲潮。……然後，他拔出腰間的長劍，指著敵軍的方向，大聲發令：「前進！」……

澎湃的時代洪流裡，我們似乎也還能聽見，他面對著最艱難的局面，最難打倒的敵人，最難挽回的遺憾時，咬牙切齒的聲音。

不少人仍願意在他身死之後，幫他彌補起一切的失落，修補所有的缺憾，用文字、用戲劇、用影像、用自己無邊無際的想像，不斷地堆疊在十七世紀的歷史事實之上。

大海的浪濤依舊，而他仍然靜靜地躺著，再沒說過一句話。

永遠的英雄故事，任人評說。

而被視為英雄的那位，自己是再也管不著了。

參考書目

說明：這裡不列舉全部的史料，而以具有介紹性，或各種代表性觀點的當代資料為主。排列順序中文在前（含中文譯本），外文在後。

一、單篇論文

二宮一郎，〈日本鄭成功研究的一個觀察——日本型華夷意識與《國姓爺合戰》〉，收錄於：廈門大學臺灣研究所歷史研究室編，《鄭成功研究國際學術會議論文集》，南昌：江西人民出版社，1989。

小山若菜，〈關於日本的鄭成功研究〉，收錄於：楊國楨主編，廈門市社會科學聯合會、廈門市鄭成功紀念館、廈門市鄭成功研究會編，《長共海濤論延平：紀念鄭成功驅荷復臺340 周年學術研討會論文集》，上海：上海古籍出版社，2003。

巴蘇亞・博伊哲努（浦忠成），〈鄭成功與原住民：歷史建構中的扭曲、淡化與除去〉，收錄於：國立政治大學文學院編，《第五屆「中國近代文化的解構與重建」學術研討會論文集：鄭成功、劉銘傳》，臺北：政治大學文學院，2003（民92）。

王春霞,〈「排滿」革命與國史重建〉,《二十一世紀》總第 31 期,2004 年 10 月號。

石萬壽,〈明鄭時期研究的回顧與展望〉,刊載於:《臺灣風物》39 卷 4 期,臺北:臺灣風物雜誌社,1989 年(民 78)12 月。

沈松僑,〈振大漢之天聲——民族英雄系譜與晚清的國族想像〉,刊載於:《中央研究院近代史研究所集刊》33 期,臺北:中央研究院近代史研究所,2000 年(民 89)6 月。

沈松僑,〈我以我血薦軒轅——黃帝神話與晚清的國族建構〉,刊載於:《臺灣社會研究》28 期,1997 年(民 86)12 月。

林呈蓉,〈國姓爺「日本乞師」之再考〉,刊載於:《臺灣風物》45 卷 1 期,1995 年(民 84)3 月,頁 15–32。

周婉窈,〈從比較的觀點看臺灣與韓國的皇民化運動 (1937–1945)〉,收錄於:周婉窈,《海行兮的年代:日本殖民統治末期臺灣史論集》,臺北:允晨,2003 年(民 92)。

翁佳音,〈人神湊熱鬧?媽祖與鄭成功信仰的「新」論〉,收錄於:國立政治大學文學院編,《第五屆「中國近代文化的解構與重建」學術研討會論文集:鄭成功、劉銘傳》,臺北:政治大學文學院,2003 年(民 92)。

翁佳音,〈被遺忘的原住民史——Quata(大肚番王)初考〉,刊載於:《臺灣風物》42 卷 4 期,臺北:臺灣風物雜誌社,1992 年(民 81)12 月。

高致華,〈側論日本人的「鄭成功信仰」〉, 刊載於:《臺灣風物》53 卷 1 期, 臺北: 臺灣風物雜誌社, 2003 年 (民 92) 3 月。

婁子匡,〈鄭成功〉, 收錄於: 婁子匡編校,《中山大學民俗叢書・十五》, 臺北: 東方文化書局, 1969 (民 58)。

曹永和,〈環中國海域交流史上的臺灣和日本〉, 收錄於: 張炎憲、李筱峰、戴寶村編,《臺灣史論文精選 (上)》, 臺北: 玉山社, 1996 (民 85)。

陳芳明,〈鄭成功與施琅——臺灣歷史人物評價的反思〉, 收錄於: 張炎憲、李筱峰、戴寶村編,《臺灣史論文精選 (上)》, 臺北: 玉山社, 1996 (民 85)。

陳支平,〈鄭成功海商集團興衰的歷史反思〉, 刊載於: 華夏經緯網,《兩岸共祭鄭成功誕辰 380 週年》專輯, 北京: 華夏經緯網, 2004。

連景初,〈明延平郡王祠沿革考〉, 收錄於: 鄭氏宗親會編,《鄭成功復臺三百週年紀念》, 臺北: 海內外鄭氏宗親會, 1962 年 (民 51) 4 月。

溫國良,〈日據初期臺南延平郡王祠「改號」與「列格」始末〉, 刊載於:《臺南文化》新 47 期, 1999 年 (民 88) 9 月。

楊雲萍,〈日人的鄭成功「尊重」政策〉, 收錄於: 楊雲萍,《臺灣的文化與文獻》, 臺北: 臺灣風物雜誌社, 1990 年 (民 79) 1 月。

楊國楨,〈鄭成功與海洋社會權力的整合〉, 收錄於: 國立政治大學文學院編，《第五屆「中國近代文化的解構與重建」學術研討會論文集：鄭成功、劉銘傳》，臺北：政治大學文學院，2003（民 92）。

謝雪漁，〈乙未抗日雜記〉，刊載於：《臺北文物季刊》九卷一期，1960 年（民 49）3 月。

羅炤，〈鄭成功與天地會〉，刊載於：中國社會科學院歷史研究所編，《中國史研究》，北京：中國社會科學出版社，1997 年 4 月。

讀史齋，〈鄭成功生母死難考〉，收錄於：鄭氏宗親會編，《鄭成功復臺三百週年紀念》，臺北：海內外鄭氏宗親會，1962 年（民 51）4 月。

Sun Mei（孫玫）, “Historical Characters and Literary Images: A Comparative Study on Chikamatsu Monzaemon’s the Battle of Coxinga”, *Asian Culture*, Taipei, 23.1 (1995).

二、專　著

C. E. S.（揆一），《被遺誤之臺灣》，收錄於：周學普譯，臺灣銀行經濟研究室編，《臺灣經濟史・三集》（臺灣研究叢刊；第 34 種），臺北：臺灣銀行，1956（民 45）。

Meijensteen, Philippus Daniel Meij van 原著，黃永松總策劃，廖雪芳主編，《梅氏日記：荷蘭土地測量師看鄭成功》，臺北：漢聲雜誌社，2003（民 92）。

李獻璋編著,《臺灣民間文學集》, 臺北: 龍文出版社, 1989 (民78)。
江日昇（清), 臺灣銀行經濟研究室編,《臺灣外紀》, 南投: 臺灣省文獻委員會, 1995（民 84)。
江樹生譯著,《鄭成功和荷蘭人在臺灣的最後一戰及換文締和》, 臺北: 漢聲雜誌社, 1992（民 81)。
周宗賢,《海上遊龍鄭成功》, 臺北: 理得, 2002（民 91)。
施偉青主編,《施琅與臺灣》(施琅與海峽兩岸學術研討會: 2003年福建省晉江市), 北京: 社會科學文獻出版社, 2004。
陳三井等,《鄭成功全傳》, 臺北: 臺灣史蹟研究中心, 1979 (民68)。
陳玲蓉,《日據時期神道統治下的臺灣宗教政策》, 臺北: 自立晚報文化出版部, 1992（民 81)。
許在全、吳幼雄主編,《施琅研究》, 北京: 中國社會科學出版社, 2001。
曹永和,《臺灣早期歷史研究》, 臺北: 聯經, 1979（民 68)。
曹永和,《臺灣早期歷史研究續集》, 臺北: 聯經, 2000 (民 89)。
黃典權,《鄭成功史事研究》, 臺北: 臺灣商務印書館, 1996 (民85)。
黃玉齋,《鄭成功與臺灣》, 臺北: 海峽學術出版社, 2004（民93)。
傅朝卿主編,《國姓爺・延平郡王・開臺聖王: 鄭成功與臺灣文化資產特展圖錄》，臺南：臺南市文化資產保護協會，1999（民 88）。

傅朝卿主編，《鄭成功圖像選集》，臺南：臺南市文化資產保護協會，1999（民 88）。

湯錦台，《開啟臺灣第一人：鄭芝龍》，臺北：果實出版，城邦文化發行，2002（民 91）。

楊雲萍，《南明研究與臺灣文化》，板橋：臺灣風物雜誌社，1993（民 82）。

鄭亦鄒（清）等，臺灣銀行經濟研究室編，《鄭成功傳》，南投：臺灣省文獻委員會，1995（民 84）。

Croizier, Ralph C., *Koxinga and Chinese Nationalism: History, Myth, and the Hero*, The East Asian Research Center, Harvard East Monographs No. 67 (Cambridge, Massachusetts and London, England: Harvard University Press, 1977).

石原道博著，日本歷史學會編，《國姓爺》，東京都：吉川弘文館，1959（昭和 34）第一版，1986（昭和 61）新裝版。

三、學位論文

江鑁萍，《鄭成功信仰的成立與發展》，國立成功大學歷史學系碩士論文，2000（民 89）。

江仁傑，《日本殖民下歷史解釋的競爭——以鄭成功的形象為例》，國立中央大學歷史學研究所碩士論文，2000（民 89）。

周育賢,《由「華夷變態」看鄭成功——以國姓爺一族為中心——》,淡江大學日本研究所碩士在職專班碩士論文,2003（民 92)。

張筱玲,《荷蘭與西班牙臺灣史研究——以文獻的中文翻譯問題為例》,國立花蓮師範學院鄉土文化研究所碩士論文,2004（民 93)。

蔡蕙如,《與鄭成功有關的傳說之研究》,國立成功大學歷史學系碩士論文,1991（民 80)。

鄭仰峻,《鄭成功民族英雄形象之研究》,中國文化大學中山學術研究所博士論文,2003（民 92)。

四、小說、戲劇類

秦就（徐金財),《臺灣第一世家 1:船王鄭芝龍》,臺北:實學社出版,遠流發行,2002（民 91)。

秦就（徐金財),《臺灣第一世家 2:臺灣之父鄭成功》,臺北:實學社出版,遠流發行,2002（民 91)。

郭沫若,《鄭成功》,收錄於:郭沫若著作編輯出版委員會編,《郭沫若全集・文學編》第八卷,北京:人民文學出版社,1982。

福住信邦著,葉珠算譯,《鄭成功的日本母親》,永和:稻田,1992（民 81)。

五、漫　畫

杜福安繪著，曹永和總顧問，張勝彥、翁佳音審訂，《漫畫臺灣歷史第 4 冊：鄭氏王朝在臺灣》，臺北：玉山社，2002（民 91）。

吳密察總策劃，劉素珍等漫畫繪製，許豐明等劇本編寫，《漫畫臺灣史 (3)：鄭家時代——鄭氏集團的興衰》，臺北：新自然主義，2002（民 91）。

郝廣才文，蔣杰等漫畫，《漫畫臺灣歷史故事 (4)：鄭氏的興衰》，臺北：遠流，2001（民 90）。

六、政府文宣、機構展覽與活動

臺南市政府文化局，「2005 鄭成功文化節官方網站」，http://koxinga.tnta.org.tw/，臺南：臺南市政府文化局，2005。

華夏經緯網，《兩岸共祭鄭成功誕辰 380 週年》專輯，http://big5.huaxia.com/zt/jl/2004-53.html，北京：華夏經緯網，2004。

國立故宮博物院，「福爾摩沙——十七世紀的臺灣，荷蘭與東亞」展覽，http://www.npm.gov.tw/exhbition/formosa/chinese/，臺北：國立故宮博物院，2003。

國立臺灣歷史博物館籌備處，「安平追想起——國姓爺與荷蘭人戰爭特展」，http://www.cca.gov.tw/event/historical/，臺南：國立臺灣歷史博物館籌備處，2001（民 90）。

詹素貞，〈從鄭和到鄭成功——重現臺北非掠奪性海洋文化〉，刊載於：《文化快遞》，臺北：臺北市文化局，2005 年 1 月號。

文明叢書 17

林布蘭特與聖經
——荷蘭黃金時代藝術與宗教的對話

花亦芬／

在十七世紀宗教改革的激烈浪潮中，林布蘭特將他的生歷程與藝術想望幻化成一幅又一幅的畫作，如果您仔細聽，甚至可以聽到它們低語呢喃的聲音，就讓我們隨著布蘭特的步伐，一起聆聽藝術與宗教的對話吧！

文明叢書 18

救命：明清中國的醫生與病人

涂豐恩／

這是三百年前的世界，人們同樣遭受著生老病死的折磨。不同是，在那裡，醫生這個職業缺乏權威，醫生為了看病必須四處波，醫生得面對著各種挑戰與詰問。這是由一群醫生與病人共交織出的歷史，關於他們之間的信任或不信任，他們彼此的動、協商與衝突。